7 SECRETOS QUE TODO LÍDER DE PREADOLESCENTES DEBE SABER

GERMÁN ORTIZ

e625.com

7 SECRETOS QUE TODO LÍDER DE PREADOLESCENTES DEBE SABER

e625 - 2023
Dallas, Texas

Todas las citas bíblicas son de la Nueva Biblia Viva (NBV) a menos que se indique lo contrario.

Editado por: **Virginia Bonino de Altare**
Diseñado por: **JuanShimabukuroDesign**

ISBN: 978-1-954149-32-8

IMPRESO EN ESTADOS UNIDOS

CONTENIDO

PRÓLOGO

Las principales corporaciones detrás de la moda, la electrónica y los medios audiovisuales están muy interesadas en los preadolescentes...como si supieran algo que en las iglesias ignoramos.

En el ámbito de la filosofía, donde a algunos les gusta ponerles nombre a las generaciones, se debate si la preadolescencia es una consecuencia de la posmodernidad y lo cierto es que, aunque haya o no un efecto cultural, existe una etapa emergente, distinta a la adolescencia –ya que antecede o le da inicio a la pubertad– y que también se diferencia de la niñez.

En la preadolescencia comienza el pensamiento abstracto y los chicos comienzan a pensar críticamente acerca de sí mismos. Ahora se dan cuenta de que hay distintas perspectivas de la realidad y, al hacerlo, pueden sentirse confundidos. Descubren que hay cosmovisiones diferentes a la de su familia, y que los valores de su contexto no son los de todos... incluyendo a gente buena y a la que respetan. («¿Cómo es que gente buena puede pensar así?», se preguntan).

Trabajar con ellos es un viaje de aventura, riesgo y descubrimiento. Es un llamado y el llamado de Dios es difícil de explicar, pero imposible de ignorar. Se manifiesta en una convicción persistente y consciente de que Dios te pide que hagas algo y por eso estás leyendo este libro. ¡Te felicito! Ellos y la iglesia toda, necesitan buenos líderes de preadolescentes.

En e625 creemos que nuestras iglesias pueden tener un ministerio de preadolescentes exitoso. Creemos que es posible enamorar a los preadolescentes del evangelio y que siempre podemos hacer un discipulado mejor con ellos. Gracias por leer y estudiar estas páginas. ¡Ánimo en Jesús!

Dr. Lucas Leys
Fundador de e625.com

EL PUNTO DE PARTIDA

Son esa rara combinación entre el niño que están dejando de ser y ese extraño adolescente que muta ante nuestros ojos, modificando su peso, sus rasgos, el timbre de su voz y su figura. En general son los apuraditos por crecer, porque la adolescencia está ahí, a unos pocos pasos, con ese combo de misterios atractivos que la sociedad de consumo vende como la cumbre de la experiencia humana. Viven en una sociedad donde madurar parece ser mala palabra, pero los beneficios de la adolescencia se presentan como el acceso al postre sin la obligación de comer el almuerzo. Son los grandes demandantes de justicia y libertad que aún piden que les atemos los zapatos. Son aún crías o cachorros que juegan a pegarte, pero luego preguntan sobre sexo y relaciones amorosas. Suelen ser tan hiperactivos como sus hormonas que se mueven frenéticamente en su interior. En un sinfín de casos los sentidos mantienen esa curiosidad infantil. Son una encrucijada para padres y docentes pero sin embargo están ahí, mucho más accesibles de lo que lo estarán en un par de años. Muchos de ellos serán capaces de caminar abrazados o de la mano de un adulto sin avergonzarse ni fastidiarse. Accederán a casi cualquier invitación que les hagas. Tienen una disposición al diálogo que puede que estén a punto de perder. Aún siguen haciendo preguntas, la ignorancia no los avergüenza. Todavía no han adquirido esa pedantería adulta que los adolescentes entrenan y que se observa en la necesidad de mostrar que *se las saben todas.*

Muchos comienzan a ver un mundo que les resulta hostil y se encuentran con el paracaídas puesto y las puertas del avión abiertas. El viento les pega en la cara, el mundo adulto los rodea discutiendo si es el momento y el lugar correcto para que salten. Nos preguntamos si están listos. Abusamos de nuestro poder para empujar cuando nos plazca o para todavía retenerlos. Están armando las condiciones internas para saltar con coraje, con irresponsabilidad inconsciente, o clavar las uñas en el fuselaje vencidos por el temor a volar. Se pondrá en juego lo que hemos sembrado en sus mentes y corazones. Sabremos en breve si lo que hemos aportado los ayudará a volar con disfrute y responsabilidad, con desenfreno y descuido, o con temor paralizante. Están en las mejores condiciones para recibir importantes instrucciones antes de un salto bautismal. Aún están dispuestos a que algún adulto les dé un par de consejos sobre en qué momento dejarse caer, en qué instante tirar del cordón, de qué manera pisar suelo y, aún más, qué hacer cuando ya estén en tierra. Son una oportunidad única. La ventana aún estará abierta por un par de años más. El que luego se cierre o no, tendrá que ver con tus ganas y tu convicción de asomarte a charlar, a escuchar, a comprender... hoy. Hoy, no mañana cuando te desocupes, cuando, supuestamente, llegue ese día en que los planetas se alineen y todas las condiciones estén dadas para que en tu agenda se genere el hueco. No hay garantías de que la ventana siga abierta.

Vamos a regalarles una mirada más profunda, más amorosa, más sabia y más desinteresada que la que los medios y el mercado les venden en formato de entretenimiento estéril, ese trueque desigual a cambio de lo que pueden consumir y pueden hacer consumir a sus padres. Nos toca invitarlos a la aventura, desafiarlos para enfrentar los retos de la experiencia, mostrarles que la vida en abundancia no anida en el status y el confort. Vamos a abrirles el panorama hacia una vida con un sentido trascendente. Podemos mostrarles cuánto los ama Jesús amándolos nosotros, ayudándolos a calentar los motores para una vida adulta relevante.

Ese es el desafío de la iglesia, que requiere mucho más que buenas actividades, clases o sermones. Requiere de tu vida ofrendada en formato de tiempo de calidad.

Sinceramente esperamos que este material te ayude a pensar, que genere una inquietante discusión en tu interior y en la mesa de trabajo con tu equipo. Esperamos que sea combustible para la iglesia y sirva para tiempos nuevos donde crianza, discipulado y pastoral jueguen juntos el mejor partido a favor de los chicos que tanto amamos.

1
EL SECRETO DEL DISCIPULADO INTEGRAL

Los preadolescentes necesitan ser incorporados a la dinámica del discipulado integral comprendiendo los procesos propios de su edad y de su contexto.

Cuando mi hija Florencia tenía aproximadamente unos cinco años, un día mientras jugaba con ella, abrazándola le pregunté: «¿Por qué eres tan linda?». Ella me respondió: *«Porque Jesús me hizo así»*. Otro día le pregunté: *«¿Por qué te quiero tanto?»*. Me respondió: *«Porque eres mi papá»*. Le pedí a mi hijo Franco que me explicara por qué él se daba cuenta de que yo lo amaba. Con fastidio me respondió: *«¡Ay papá! ¡Porque me lo dices siempre...!»*. Entonces le pregunté: *«¿Y si me quedara mudo y no pudiera hablar más?»*. El me respondió: *«Me abrazarías»*. *«¿Y si me quedara sin brazos?*, seguí interrogándolo. *«Porque me llevas al cine, me retas para que me porte bien, me enseñas cosas, me corriges...»*, terminó contestándome.

No soy el mejor padre del mundo, y mis hijos tampoco son perfectos, lo que hace que me asombre aún más de estos resultados. En gran parte, me gano la vida dando conferencias: talleres, mensajes, simposios, seminarios, presentaciones, sermones, etc. Sin embargo, nunca dicté una clase sobre «Autoestima y seguridad en la niñez» para mi hija Florencia, ni hice una ponencia sobre «Diferentes maneras de percibir el amor y capitalizar su experiencia» para mi hijo Franco, ni otra sobre «El valor de los límites para sentirse amado». A pesar de eso, ellos parecen haber aprendido algunos de los conceptos más valiosos sobre la vida y, en algunos casos, sin ni siquiera haber llegado a la escuela primaria. Ahora que Flor ya es una joven puedo observar cómo esos conceptos regresan a su vida cotidiana y resultan bases sólidas para encarar las batallas de la juventud. ¿Cómo se explica que niños tan pequeños comprendan cosas tan importantes, tan relevantes, tan trascendentes, sin que nadie les dicte una sola clase al respecto?

VEAMOS AL GRAN MAESTRO

Quizás alguien que tuvo el honor de observar al más grande Maestro de todos los tiempos pueda darnos una pista:

«De entre todos seleccionó a doce para que estuvieran siempre con él y salieran a predicar. A estos los llamó apóstoles». Marcos 3:14

Este es un versículo que bien podría leerse como una declaración de propósito. Jesús hizo intencionalmente lo que muchas veces yo no. Él tomó la determinación deliberada y proactiva de pasar tiempo con sus discípulos. ¿Por qué habrá hecho eso? ¿Por qué no escribió un libro, o dictó una serie de seminarios intensivos? ¿Por qué la mayor cantidad de sus horas la invirtió en pasar tiempo con estos doce tipos?

¿Será porque la mejor manera de observar la autoridad y la coherencia de un maestro es conviviendo con él?

¿Será porque no existe mejor manera de internalizar un concepto que reconociendo su sentido práctico y su utilidad en la experiencia observable?

¿Será porque la mejor manera de aprender un concepto sucede cuando se lo observa en la práctica?

¿Será porque los vínculos producen una especie de influencia por contagio, a veces hasta sin proponérnoslo?

¿Será porque si enseñas sobre el amor será mejor que te observen brindándolo en la vida cotidiana?

¿Será porque el pasar tiempo juntos brinda las mejores oportunidades para que esto ocurra?

¿Será porque si el maestro sabe aprovechar todo esto podrá influir de la manera más profunda en los procesos de aprendizaje de su aprendiz?

DISCIPULADO TOTAL

Los vínculos son el vehículo privilegiado para movilizar la comunicación. Cuando estos dos elementos, vínculo y comunicación, se combinan... entonces veremos emerger de la mezcla un producto que se llama *aprendizaje*. De la calidad del vínculo y de la calidad de la comunicación resultará la calidad de ese aprendizaje. Esta es la dinámica que Jesús propuso a los doce aquel día. El vínculo más estrecho con el ser más bueno y sabio comunicando estratégicamente, con cada palabra, con cada actitud, con cada gesto, con cada conducta y con cada acción la verdad trascendente del Evangelio. Esto produjo el aprendizaje más profundo. Antes de irse les indicó a sus discípulos que reprodujeran la misma dinámica hasta su regreso.

José y María se sorprendieron con el Jesús metido en los negocios del Padre, ahí, en el atrio del templo, ante los ojos desorbitados de los ancianos escribas y los maestros de la ley. Los discípulos, a lo largo de tres años, lo que vieron fue al mismo Jesús, dieciocho años después, comprometido de manera total en esos mismos negocios. Aquel que regresó a Nazaret para seguir creciendo en estatura, sabiduría y gracia para con Dios y para con los hombres, no solo parece seguir en ese proceso de construcción... Parece empecinado en enseñarles a otros el camino al Padre que hace crecer de manera integral.

«Entonces se le acercó uno de los maestros de la ley que los oyó discutir. Al ver que Jesús les había contestado bien, le preguntó: —De todos los mandamientos, ¿cuál es el más importante? Jesús le contestó: —El más importante es: 'Oye, Israel. El Señor nuestro Dios, el Señor es uno. Ama al Señor tu Dios con todo tu corazón, con toda tu alma, con toda tu mente y con todas tus fuerzas.' Y el segundo es: 'Ama a tu prójimo como a ti mismo.' No hay otro mandamiento más importante que estos». Marcos 12:28-31

Jesús nos da la clave. No solo para ir al cielo, no solo para ser salvos una vez que nos muramos. Él nos da la llave para el crecimiento integral, ese mismo proceso que se describe en su persona, ahí en el cierre del capítulo 2 de Lucas.

Los evangelios dejan en claro que el maestro que enseña a conectar la totalidad del ser con el Creador del universo, ya lo venía experimentando en su propia vida, al menos, desde su preadolescencia. Allí donde los conceptos, principios y valores de la niñez comienzan a ponerse en cuestionamiento, ahí donde la crianza suele aflojar la rienda y apartar la mirada ocasionando que podamos perdernos en Jerusalén o en cualquier lugar del inmenso universo; en vastos e inexplorados territorios geográficos... o mentales. Ahí donde nuestro sistema de emociones, pensamientos y creencias parecen sufrir todo un cataclismo que obliga a la reestructuración de nuestra psiquis. Ahí Jesús opta por los negocios del Padre que lo desafían al crecimiento, crecimiento que se potencia de manera exponencial cuando alineamos armónicamente nuestro corazón, mente, alma y fuerzas al ser sabio y amoroso que nos creó.

Esa es la misión de la crianza y del liderazgo generacional: alinear nuestro corazón, mente, alma y fuerzas con nuestro Dios, para potenciar nuestra vida entrando en los negocios del Padre, de manera que nos conectemos con la vida en abundancia y seamos una influencia positiva para la generación que viene, acompañándolos en los procesos del aprendizaje integral, ayudándolos a meterse en los beneficiosos negocios del cielo.

QUÉ NECESITAN, QUÉ NECESITAMOS

Esta generación necesita algo más que padres amorosos, líderes carismáticos o maestros dedicados que dan buenas

ESTA GENERACIÓN NECESITA DISCÍPULOS DE CRISTO QUE DEN MUESTRAS CABALES, DE SU FIRME COMPROMISO CON LOS NEGOCIOS DEL PADRE.

lecciones dominicales. De hecho, creo que nos merecemos una seria revisión al método áulico de lo que se conoce como Escuela Bíblica Dominical. Creo que necesitamos pensar una pastoral de la niñez y obviamente una pastoral de la preadolescencia. Creo que estos chicos necesitan discípulos de Cristo que den muestras cabales, con cada milímetro de su ser, de su firme compromiso con los negocios del Padre. Discípulos que, habiendo adoptado a Jesús como Maestro y Señor, se han abierto al disfrute de su amistad, convirtiéndose así en el mejor ejemplo para que las generaciones que vienen se decidan por seguir a Cristo.

¿Eres maestro, líder, padre, madre? ¿Qué tan comprometido estás, con todo tu ser, en cada instante de tu tiempo, con los negocios del Padre? ¿Cuánta atención le prestas a alinear cada una de tus decisiones con el *corazón* de Jesús? ¿Cómo te ves llevando cautivo todo pensamiento a la *mente* de Cristo? ¿Qué tan alineada está tu *alma* al amor del Padre que hace salir el sol sobre justos e injustos? ¿Qué tanto inviertes tus *fuerzas* en la voluntad de Dios siempre buena, agradable y perfecta? ¿Qué tan deliberadas y estratégicas son tus acciones para influenciar con tu vida a las nuevas generaciones?

Ojalá encuentres las mejores dinámicas para cada actividad que planees. Qué bueno si encuentras las ideas más geniales y los recursos pedagógicos más atractivos. Pero esta generación requiere más. Necesita tu vida entera entregada en sacrificio vivo. Necesitan que, como aquel grano de trigo, mueras y caigas en la tierra para que lleves fruto.

Obviamente no necesitan que los entretengamos hasta que se vuelvan grandes; no son un campo de paintball para que juguemos y hagamos entrenamiento. Son terreno fértil para que sembremos con cuidado y cultivemos con amor y excelencia. Nuestra responsabilidad para con las nuevas generaciones es hacer discípulos que abracen integralmente el amor a Dios y al prójimo. Diría más: resulta una torpeza dejar de hacerlo.

Pedagógicamente hablando, se nos ha enseñado que en esta edad aún no se ha terminado de desarrollar el pensamiento abstracto, que sus análisis y consideraciones se realizan en el campo de lo concreto. Es decir, que a la hora de ayudarlos a pensar conceptos como espíritu, cielo, salvación, adoración y tantos otros que no se pueden palpar ni ver, estos resultan muy complicados para su procesamiento. Por eso los relatos, las prácticas y los gestos de afecto que demuestran autenticidad, fidelidad y lealtad son algunos de los canales privilegiados para acompañarlos en su proceso de aprendizaje; esto significa que se hace vital, especialmente entre niños y preadolescentes, encarnar la palabra de Dios. Que nos puedan reconocer como fieles discípulos de Cristo, que seamos cartas vivas, reflejos *concretos* de realidades cuya explicación conceptual puede resultar demasiado *abstracta* para ellos.

NO HAY RAZÓN PARA POSTERGARLO

El discipulado es un proceso relacional que teje experiencias y conceptos, teoría y práctica, sensaciones y pensamientos, sentimientos y razonamientos. Esa trama compleja, que resulta en la formación saludable de un individuo, no tiene por qué postergarse en el tiempo. Cuando observamos las prácticas del Antiguo Testamento observamos cómo crianza y discipulado podían llegar a observarse como una sola cosa. Por eso Salomón va a decir:

«Enséñale al niño a elegir el camino correcto, y cuando sea viejo no lo abandonará». Proverbios 22:6

En total consonancia con lo que Dios le mandó a Moisés que le comunicara a su pueblo:

«Por tanto, guárdate, y guarda tu alma con diligencia, para que no te olvides de las cosas que tus ojos han visto, ni se aparten de tu corazón todos los días de tu vida; antes bien, las enseñarás a tus hijos, y a los hijos de tus hijos. El día que estuviste delante de Jehová tu Dios en Horeb, cuando Jehová me dijo: Reúneme el pueblo, para que yo les haga oír mis palabras, las cuales aprenderán, para temerme todos los días que vivieren sobre la tierra, y las enseñarán a sus hijos». Deuteronomio 4:9-10 (RVR1960)

Al parecer, por lo que el apóstol Pablo nos deja ver, esta es una práctica que no abandonó a la querida abuela Loida y que su amada hija Eunice supo continuar...

«¿Cómo he de olvidar la sinceridad de tu fe, que es como la que animó a tu madre Eunice y a tu abuela Loida? Estoy seguro de que es así. Por eso te aconsejo que avives la llama del don que Dios te dio cuando puse las manos sobre ti. El Espíritu que es don de Dios, no quiere que temamos a la

gente, sino que tengamos fortaleza, amor y dominio propio».
2 Timoteo 1:5-7

El Timoteo que recibe aquella carta de Pablo no surgió por generación espontánea, tampoco fue el fruto de una experiencia mística en el marco de una ceremonia donde se le impusieron las manos. No es el producto de un evento: es el resultado de un proceso que comenzó mucho tiempo atrás. Un proceso que tampoco comenzó cuando Timoteo cumplió la mayoría de edad. Loida y Eunice supieron jugar su papel e iniciar el discipulado de Timoteo mucho antes de que Pablo llegara a su vida: ¡gloria y honra a dos pioneras del liderazgo generacional!

El discipulado ya comenzó. Para los padres comienza el día en que conciben a sus hijos. Déjame que te lo explique así: en lo personal, yo nunca cambié un pañal «solamente». Mi tarea fue mucho más sublime, más trascendente que sacar un pañal sucio y poner uno limpio. Lo que sí hice, cada vez que fue necesario, de manera consciente y dedicada, con respeto y valoración, por medio de la posibilidad de higienizar a mis hijos, haciendo conexión visual, brindando mi mejor sonrisa... fue intentar proveer las caricias y cuidados necesarios que les comunicaran amor y contención, con el fin de ayudarlos a construir una estructura emocional saludable que les permita obtener las mejores condiciones para que, en un futuro que no sabré fechar, adopten a Dios como su Papá y se conviertan en fieles discípulos de Jesús. Sin la fe de Loida y Eunice esta tarea se resigna tan solo a lidiar con materia fecal ajena. Con la fe de ellas... el discipulado ya comenzó.

VÍNCULO, COMUNICACIÓN Y APRENDIZAJE

No se trata de una programación manipuladora ni de un lavado de cabeza. Se trata de generar *vínculos* de amor auténticos, sinceros y honestos, donde podamos ser testigos *comunicando* nuestra fe en el Maestro, nuestro amor por nuestro Amigo, nuestra obediencia a nuestro Señor, lo genial de caminar la vida de su mano, la obra maravillosa que ha hecho y puede seguir haciendo, y lo beneficioso de no solo ser sus hijos sino de habernos convertido en sus discípulos. El *aprendizaje* surgirá, se manifestará, como la consecuencia lógica de esta dinámica.

Observen cómo el mandamiento de amar a Dios con todo nuestro ser puede observarse en la recomendación de Moisés al pueblo:

«Por tanto, guárdate, y guarda tu alma con diligencia, para que no te olvides de las cosas que tus ojos han visto, ni se aparten de tu corazón todos los días de tu vida; antes bien, las enseñarás a tus hijos, y a los hijos de tus hijos». Deuteronomio 4:9 (RVR1960)

Tu vida entera ofrendada a Dios y a su justicia, viviendo la vida en abundancia, siendo testigo de lo que Jesús puede hacer, brindando vínculos sanos, comunicando con todo tu ser los principios y valores del reino, consciente de tu misión, influenciando a quienes Dios ponga en tu entorno, haciendo discípulos en las nuevas generaciones mientras vas yendo. El discipulado ya comenzó.

CONSEJOS ESTRATÉGICOS

Creo que el gran mandamiento (Mateo 22:37) y la manera en que Jesús se formó (Lucas 2:52), nos dan las pistas para armar nuestras estrategias de discipulado integral. Déjame que te proponga algunas, pero no dejes de seguir pensando creativamente en otras que tú podrías añadir.

Amar a Dios con todo tu corazón. Alineando nuestras decisiones a las de Dios.

1. Cuenta a los chicos cómo Dios influencia tus decisiones. Muéstrate capaz de pedir perdón y de perdonar.
2. Plantea situaciones hipotéticas y proponles a los chicos que piensen la mejor decisión a tomar.
3. Ayúdalos a la hora de tomar sus propias decisiones, pero procurando que surja de su propia reflexión y no desde una imposición tuya o de un dogma religioso.
4. Ayúdalos a observar cómo toda decisión tiene su consecuencia; cómo tenemos algún control sobre las causas pero resulta difícil controlar los efectos.

Amar a Dios con toda tu mente. Alineando nuestros pensamientos a los de Dios:

1. Enseña la Biblia.
2. Cuéntales cómo los principios bíblicos son aplicados en tu propia vida.
3. Muéstrales cómo la Biblia conecta con la actualidad.

4. Ayúdalos a pensar situaciones de su vida o hipotéticas para que las analicen y reflexionen sobre causas y consecuencias.

5. Promueve el esfuerzo y la dedicación en la escuela.

6. Haz buenas preguntas (no de las que se contestan con sí o no) que los ayuden a esforzarse en el desafiante ejercicio de reflexionar.

Amar a Dios con toda tu alma. Alineando tus emociones a las de Dios.

1. Míralos a los ojos cuando te hablan, préstales atención, contémplalos, obsérvalos a lo largo de su proceso de aprendizaje con fe y esperanza en lo que Dios puede hacer en ellos.

2. Regala abrazos sanos, frotadas de cabeza y otras manifestaciones físicas afectuosas que obsequien cariño. Ten cuidado de no excederte: juegos de manos demasiados bruscos, sentarlos en tus piernas y otros contactos similares no suman nada.

3. Ayúdalos a distinguir sus emociones y a saber ponerles nombre. Internet puede ayudarte y el diccionario también. Puedes complementar esto pidiéndoles que conecten cada emoción con un gesto o una postura. Por ejemplo: el enojo con el ceño fruncido.

4. Muéstrales escenas de la vida, reales o hipotéticas, y ayúdalos a distinguir emociones en sus protagonistas. Puedes hacer lo mismo con relatos bíblicos.

5. Si no usas artilugios deshonestos para producir emociones que te hagan sentir exitoso en tus actividades, no temas generar espacios que por la música, la oración u otras consignas, puedan despertar situaciones emocionales. Cuando esto ocurra, no lo dejes como un hecho aislado. Promueve el diálogo para procesar esos sentimientos.

6. Muestra cómo las emociones son como una alarma en nuestra experiencia. Son para nuestra alma lo que las sensaciones son para el cuerpo. Sin embargo, es peligroso que las emociones determinen, por sí solas, nuestras conductas. Por ejemplo: el enojo nos indica que algo debe ser atendido, es una chicharra sonando en nuestro interior que nos llama la atención; sin embargo, eso no justifica una reacción violenta que lastime a otros, rompa algo o nos hiera a nosotros mismos.

Amar a Dios con todas nuestras fuerzas. Alineando tus energías a la voluntad de Dios.

Inícialos en el servicio. Desde mantener ordenado su propio lugar hasta incluirlos en proyectos solidarios o misioneros.

1. Invítalos a colaborar, siempre con supervisión, en actividades o programas con edades menores.

2. Dales a conocer relatos misioneros a lo largo de la historia e inclúyelos en el programa de ofrendas y oración por distintas personas enviadas a diferentes campos de misión.

3. Promueve la ayuda a personas en todo tipo de necesidad. Enséñales que haciendo eso pueden encontrarse con Jesús (Mateo 25:34-40).

4. Propone retos con desafíos para servir en casa o en la escuela durante la semana.

- *Jesús crecía en estatura.* Cuidando tu cuerpo, honrando su condición de templo del Espíritu de Dios.

  Promueve el cuidado del cuerpo de manera saludable.

  Con cuidado de no ofender a nadie, anima a no descuidar el peso corporal. No como algo meramente estético sino como una medida saludable para la vida real, y de prevención de posibles trastornos en el futuro, valorando la diversidad de la creación y no los valores uniformes de belleza que fomenta el sistema.

  Considera alimentarte de manera saludable y promuévelo entre tus chicos. Puedes realizar una feria de platos saludables y en cada stand tener personas que hagan recomendaciones sobre distintos alimentos o bebidas.

  Considera hacer ejercicio físico y promuévelo entre tus chicos. Puedes organizar una actividad con un circuito con distintas postas donde puedan realizar distintos ejercicios leves, sencillos de realizar, que los saquen del sedentarismo.

  Promueve las consultas médicas entre los chicos y sus familias. Genera programas de concientización sobre higiene y salud.

Puedes realizar un programa que incluya una revisión médica básica sumando a distintos profesionales médicos. Las aulas del edificio de tu congregación pueden ese día convertirse en consultorios. Considera que tendrás que pedir autorización a los padres.

- *Jesús crecía en sabiduría.* Alcanzando un mayor entendimiento que nos ayude a volcar todo conocimiento adquirido a la práctica de la vida diaria.

  Ayúdalos a ver cómo sus conocimientos, de todo tipo pero especialmente los referidos a la palabra de Dios, pueden tener aplicación práctica.

  Proponles distintas escenas conflictivas, reales o hipotéticas, y ayúdalos a presentar distintas resoluciones torpes o sabias.

  Enséñales a administrar sabiamente sus distintos recursos como bienes, dinero, energías y tiempo.

  Enséñales a armar planes, programas y presupuestos.

  Ayúdalos a discernir entre consejos sabios y estúpidos, edificantes y destructivos, buenos y excelentes.

- *Jesús crecía en gracia para con Dios.* Afianzando tu relación con Dios, haciendo que cada día se vuelva más natural, espontánea y fresca.

  Ora con tus chicos. No te ajustes a frases hechas ni a repeticiones religiosas. Si quieres que tus chicos se vuelvan amigos de Jesús, que te escuchen hablando con él como si fuera tu amigo.

Sin obligarlos, pero sí alentándolos, promueve que oren en lo íntimo pero también en público.

Presenta temas de oración en tus distintos grupos de WhatsApp que compartes con los chicos y ora en mensaje de texto o audios.

Ora con ellos mientras caminas, conduces tu auto, preparas tus alimentos, andas en bicicleta o haces distintos ejercicios.

Promueve investigaciones sobre lo que la Biblia dice sobre los distintos temas que les importan. Aquí puedes enseñar el uso de Biblias de estudio, aplicaciones para dispositivos móviles, concordancias y comentarios bíblicos.

- *Jesús crecía en gracia para con los hombres.* Brindando y promoviendo el trato amable, amoroso y edificante con todos aquellos que me rodean.

  Trata con amabilidad, valoración, respeto y cuidado a todos y cada uno de los chicos de tu grupo. Si vas a usar sobrenombres o apodos, que éstos los dignifiquen, animen y estimulen; nunca uses esos que descalifican, minimizan o denigran. De todos modos, considera que algunos estudios afirman que no existe sonido más dulce para un ser humano que su propio nombre. Que tu sano interés por ellos movilice tu memoria para recordar cómo se llaman.

  Felicita, afirma y anima por diez y podrás corregir una vez.

Propicia espacios recreativos que generen la interacción entre los chicos. Alterna entre momentos organizados y espontáneos de forma que las amistades por afinidad se integren a relaciones nuevas o menos frecuentes.

Con humor y amabilidad, pero también con firmeza, señala y corrige todo gesto agresivo, violento, de desprecio o burla. Instruye a tu equipo a estar atento a esto durante los recreos, juegos u otras actividades.

Promueve dinámicas que ayuden a la inclusión e integración. Incluye esto en tus programas usando al menos unos pocos minutos del mismo.

Genera espacios donde se compartan cargas y promueve en vivo, o a través de WhatsApp, la intercesión de unos por otros.

Promueve estos principios también para las redes sociales y los mensajes de WhatsApp. En el equipo del ministerio juvenil de la congregación en la que sirvo nos guiamos por este principio: «Si tienes algún conflicto que resolver o una crítica que hacer no lo hagas por las redes sociales o por WhatsApp. Hazlo de manera personal, y si necesitas la ayuda de alguien, busca que esa persona sea neutral y con la sabiduría necesaria para ayudar (Mateo 18:15-16). En las redes o en WhatsApp solo nos pasamos información, estímulo o felicitaciones, o compartimos pedidos de oración u oramos».

Enseña los principios bíblicos para las relaciones.

Última. Si lo piensas, esta dinámica integral también puede guiarte en tu oración devocional o en tu intercesión por tus preadolescentes:

Dios, quiero en este día amarte con todo mi ser. Tomar decisiones conforme a tu corazón, pensar tus pensamientos, sentir sintonizando con tus sentimientos, enojarme con lo que te enoja y alegrarme con lo que te alegra. Deseo invertir mis energías en lo que tú quieres que haga. Ayúdame a cuidar mi cuerpo y mi salud, a crecer en sabiduría, y mejorar aún más mi relación contigo y con aquellos que me rodean. Te pido Dios que lo mismo ocurra con los preadolescentes que pusiste para que cuide. Quiero ser tu socio y ayudarlos a que se conviertan en tus discípulos entregando todo su ser, para amarte y dejarse guiar por tu Espíritu en todas las áreas de su vida.

¿Dirías conmigo «amén»?

2
EL SECRETO DE LA RELACIÓN CON LOS PADRES

Trabajar en la relación con los padres, de manera de acercar el discipulado a la crianza, es vital para ayudar al proceso de crecimiento integral.

Cuando tenía aproximadamente veinte años, con un grupo de amigos fundamos L.A.GR.AM. (Liderazgo y Adolescencia, Grupo de Amigos), un movimiento que promueve el discipulado entre adolescentes y que continua hasta nuestros días. En aquellos tiempos vivimos muchas situaciones felices pero también hubo de las otras. Los cuatro que dirigíamos las cosas en aquel momento éramos muy jóvenes y a la inexperiencia propia, se sumó la resistencia que todo cambio suele producir casi de manera natural. Para nuestro pesar, gran parte de esa resistencia provino del mundo adulto. Muchos de ellos tenían la edad de nuestros padres. Algunos de esos adultos eran los padres de los adolescentes que seguían fervientemente cada una de las actividades que proponíamos. Obviamente, no digo esto para destilar veneno, no pienso usar este libro para hacer catarsis de mi resentimiento. Hemos sabido perdonar y pedir perdón. Lo digo para empatizar con muchos líderes juveniles que se quejan de la falta de respaldo de padres y otros adultos que rodean su ministerio con niños, preadolescentes o adolescentes. Quizás seas uno de ellos.

LO QUE SÍ PUEDO HACER

Lo que aprendimos en aquellos años, frente a esta resistencia, me sigue hasta el día de hoy y quisiera compartírtelo esperando que te sea útil. Este fue el principio que tuvimos que asimilar: *puedo hacer muy poco para cambiar las conductas de otro, pero puedo hacer mucho para dejar que Dios forme el carácter de Cristo en mí*. Así que la pregunta que nos hicimos no fue cómo eliminar a esos adultos y su oposición. No diseñamos estrategias rebuscadas para que el homicidio pareciera un accidente. No oramos pidiendo a Dios que les anticipara la reserva en el hogar celestial. No clamamos para que el Espíritu los llamara a las misiones a un país lejano... aunque debo ser sincero y reconocer que muchas veces nos vimos tentados. Tampoco recurrimos a enroscarnos en pleitos que nos hicieran ver como niños mal educados, ni sembramos cizaña en los oídos y corazones de los chicos que nos seguían. Decidimos elegir la bendición y luego de veinticinco años estoy feliz de aquella elección que hicimos. La pregunta que nos hicimos fue: ¿Cómo crecemos nosotros en nuestro carácter y mejoramos en lo que hacemos?

Adoptamos una actitud de gratitud y de bendición, y aunque por momentos nos costó, porque al menos yo me sentía dolido, buscamos otros adultos y dimos con gente que supo ser herramienta de Dios para brindarnos compañía, consejo sabio y respaldo amoroso. Así aparecieron adultos preciosos que nos ayudaron a no caer en la soberbia ni en el aislamiento. Nos inculcaron un espíritu enseñable, rodeándonos del afecto que contiene y de la confianza que impulsa. Debo remarcar que ninguno de ellos nos dictó una clase sobre estos conceptos. Simplemente se brindaron... y esa ofrenda nos marcó para siempre. Además de contenernos por medio del afecto e impulsarnos por medio de la confianza, ellos nos ayudaron haciendo puentes con los otros adultos que, al no conocernos, nos veían más como una amenaza que como una bendición. Estos adultos amigos fueron vitales para sanar heridas y para dar testimonio de nuestra buena voluntad y de nuestro deseo de obrar en fidelidad a Jesús.

DE LA INDIFERENCIA A LA ALIANZA

He escuchado a líderes que dicen que los peores enemigos del trabajo con los chicos son los padres. Esa es una sentencia fuerte. Pero suponiendo que ese fuera en verdad el caso y los padres de tus preadolescentes te resultaran de la calaña de El Guasón y la madrastra de Blancanieves, te recomiendo que no te enredes en pleitos sin sentido, ni caigas en la desesperanza, ni elijas ganar la batalla matándolos con la indiferencia.

En el capítulo anterior observamos cómo, especialmente en la niñez y en la preadolescencia, los conceptos de crianza y discipulado podrían fundirse positivamente. Por lo tanto, quisiera proponer una alianza estratégica que vincule de manera resistente, pero flexible a la vez, a un ministerio sólido de preadolescentes con al menos algunos padres y madres

PUEDO HACER MUY POCO PARA CAMBIAR LAS CONDUCTAS DE OTRO, PERO PUEDO HACER MUCHO PARA DEJAR QUE DIOS FORME EL CARÁCTER DE CRISTO EN MÍ.

del grupo, haciendo esfuerzos inteligentes para que esos algunos sean muchos.

Como líderes debemos entender una cosa: por una razón o por otra las madres y los padres cuestionarán la calidad de lo que hacemos. Los previsores, porque desearán saber a dónde están mandando a sus hijos y en qué los están involucrando, y los que no lo son, porque querrán tu cabeza en el patíbulo si algo sale mal.

Esto, lejos de enojarnos, ofendernos o hacernos presentar la renuncia indeclinable y huir a alguna isla sin tratados de extradición con nuestro país, debe llevarnos a elevar la calidad de lo que hacemos. No debemos pretender nada menos que generar el mejor espacio para preadolescentes que se haya inventado. Que nadie pueda decir, al menos, que no diste lo mejor para hacer un aporte positivo en la vida de su hijo o hija. No se trata de una búsqueda obsesiva y paranoica de ser el mejor. No puedes fundar tu autoestima sobre lo que los demás dicen de ti o sobre un supuesto ministerio exitoso. La cosa consiste en buscar cada día la excelencia, la mejora constante, persiguiendo la guía de Dios que forma tu ser y afianza tu hacer, y siempre prendido de la gracia de Dios que renueva nuestras oportunidades cuando cometemos algún error involuntario. Recuerda el principio que te mencionaba antes: *puedo hacer muy poco para cambiar las conductas de otro, pero puedo hacer mucho para dejar que Dios forme el carácter de Cristo en mí.*

EXCELENCIA EN LO QUE HACES

Déjame mencionarte algunos indicadores de un ministerio sólido y saludable, al menos desde mi perspectiva. Mi intención es brindarte una especie de lista de chequeo. No te preocupes si aún no alcanzas algunos o muchos de estos tips, pero te recomiendo que los pongas en tu horizonte para trabajar en adoración a tu Señor y rendir tu ministerio a los pies de Cristo como una ofrenda de excelencia. Aquí va:

- Un ministerio sano con chicos de esta edad está conformado por gente íntegra que ama a Dios y a los preadolescentes.
- Un ministerio así promueve y brinda, entre los chicos con los que trabaja, una comunión íntima con Dios, el respeto y el compañerismo entre ellos, una relación con la iglesia, el hábito de dejarse contener y acompañar, el que honren a sus padres y familias, el crecimiento integral y el servicio a otros.
- Desarrolla y promueve el trabajo en equipo. Lo hace como una experiencia propia de formar parte del cuerpo de Cristo que contiene y cumple con su misión.
- Ese equipo es inclusivo y participativo, porque es lo mejor para la tarea, pero también porque el trabajo en equipo es un excelente pretexto para que se desarrolle el discipulado.
- Al menos algunos de los miembros de ese equipo se reconocen llamados por Dios para trabajar con los preadolescentes. Deberíamos apuntar a que quienes dirijan ese equipo estén entre los llamados. Puede haber un lugar para personas que aún no encuentran su ministerio y

hacen una experiencia de prueba, pero los ministerios permanecen en el tiempo no por los voluntarios, sino por los llamados.

- Todos los miembros del equipo, pero especialmente los llamados, buscan con humildad ser capacitados por Dios en cuestiones referidas a su carácter, a sus relaciones, a la tarea que desempeñan y a la realidad integral de los preadolescentes.
- Este equipo se reúne periódicamente, al menos una vez por mes, para buscar la guía de Dios, orar por cada chico y chica al que puedan influir, calibrar el carácter de sus miembros, recibir capacitación, acordar pautas de trabajo, evaluar la calidad de la tarea que se viene realizando y hacer correcciones estratégicas. Recomiendo también, al menos, un retiro anual.
- Ese equipo no trabaja para entretener a los chicos. Es un equipo que intenta dar lo mejor de sí para que cuando el espacio de adolescentes los reciba, encuentre en ellos colaboradores y socios para los líderes del ministerio en el que están desembarcando.
- Un ministerio saludable tiene un grupo de personas a quien les pasa temas de oración por los chicos. Clama por sus preadolescentes, por sus necesidades y por un entendimiento espiritual que los haga crecer en la comprensión de Cristo.
- Desarrolla y pone por escrito una visión que dé cuenta de lo que se propone alcanzar y una misión que explique cómo lo desea lograr.

- También traza, en oración, un plan anual que incluya estrategias relacionales, programas, actividades, temas y contenidos bíblicos.
- Fija una fecha para presentar ese plan a los pastores, a los padres y al equipo.
- Tiene un presupuesto anual de gastos.
- Realiza evaluaciones periódicas.
- Se relaciona con fluidez con otros ministerios que trabajen con preadolescentes, con el de niños, con el de adolescentes y con aquellos que contienen a sus padres.
- Tiene reuniones periódicas con alguno de los miembros del equipo pastoral de la iglesia de la que forma parte. Rinde cuentas, escucha propuestas y expresa cargas y preocupaciones.
- Promueve y brinda capacitación a los padres de los chicos del grupo y a los de los niños que desembarcarán próximamente en el ministerio. Brinda información, agradece y agasaja a todos los papás, y procura incluir a algunos como colaboradores del ministerio.

Si tu servicio es el show de la espontaneidad, si le mezquinas atención, dedicación y esfuerzo... no esperes el respaldo de nadie. Pronto tu pereza e improvisación y tu falta de disciplina tumbarán las paredes de tu ministerio; el techo caerá sobre tu cabeza y los padres juntarán los escombros con una pala mecánica; pedirán a tu pastor un camión y trasladarán los despojos de tu tarea, junto con tu pobre cuerpo dolorido, a un paraje desolado que a partir de hoy podrás llamar: «Te lo dije».

Sí. Sé que soy muy odioso y dramático cuando quiero. Toma esto último como una broma, pero sabe muy bien que el trabajar con excelencia rinde adoración a tu Señor y te hace crecer en autoridad frente a tus chicos, sus padres y madres, ante tus pastores y el resto de tu congregación. Sé fiel en lo poco y Dios sabrá ponerte en lo mucho, te hará entrar en su alegría y defenderá tu causa cuando alguien te ataque sin razón.

MANTENLOS INFORMADOS

Si los padres de tu ministerio son como yo, no querrán tener reuniones de padres. Supongo que existe alguna especie de homo sapiens que ama ese tipo de asambleas informativas, pero no es mi caso. Entiendo su necesidad, pero créeme, no vuelco en mi agenda esos encuentros para esperar ansiosamente el día en que se concreten. Soy el terror de los docentes y de los maestros de escuela bíblica de mis hijos. Si se parecen a mí, preferirán delegar estas tareas educativas en personas que les brinden la confianza necesaria y luego dedicarse a otras cosas, las que pueden incluir a nuestros hijos o las que por placer o necesidad no los incluyen. Sin embargo, soy consciente de que necesito ser informado y que es el deber de aquellos que trabajan con mis hijos proveerme esa información. Por lo tanto, es obligación de esas instituciones informarme y es mi responsabilidad acceder a ese material tan valioso para la formación de mis hijos.

Puede ser que te encuentres con la versión premium de esta bestia. Entonces tendrás que lidiar con su pereza, su desidia y su desinterés. Pero... ¿será necesario que te lo repita?... Ok, lo hago: *puedo hacer muy poco para cambiar las conductas de otro, pero puedo hacer mucho para dejar que Dios forme el carácter de Cristo en mí.* Puede ser que estos perezosos padres y estas indiferentes madres no tengan el menor interés

SI TU SERVICIO ES EL SHOW DE LA ESPONTANEIDAD, SI LE MEZQUINAS ATENCIÓN, DEDICACIÓN Y ESFUERZO... NO ESPERES EL RESPALDO DE NADIE.

en recibir la valiosa información que tengas para darles pero aun así, será tu obligación originarla, desarrollarla, redactarla, recopilarla, clasificarla y encontrar los canales más efectivos para que esté disponible para ellos. Debes tener las respuestas a las preguntas que los padres no realizarán hasta que por alguna razón, honorable, vil o azarosa, terminen haciéndolo.

Para esto, obviamente, puedes originar la tradicional reunión de padres (si escuchas algún gruñido o refunfuño, soy yo, discúlpame por favor). De hacerlo así, resultará importante que seas muy creativo para que los ronquidos no fluyan entre los bostezos, o las polémicas no se devoren los valiosos minutos de tu encuentro. Sin embargo, no estás obligado a que esta sea la única manera de hacerlo:

- Puedes diseñar una carpeta atractiva y brindar la información necesaria entregando el documento en mano con una enorme sonrisa, abrazo, beso o apretón de mano, según lo indique la cultura del lugar en el que vives. Hazlo con una actitud de honra y gratitud.
- Puedes diseñar una página web. Si lo haces mantenla actualizada.
- Debes también saber aprovechar inteligentemente las redes sociales.

- Algunos han producido hasta aplicaciones para dispositivos móviles.
- Puedes generar un número particular para consultas telefónicas o por WhatsApp. En este caso es recomendable que pongas un horario de atención para no terminar con el cerebro quemado.
- Podrías producir, según tu presupuesto, folletería para información de tipo institucional o para promocionar los eventos.
- Puedes producir encuentros para padres pero en formato de agasajo, o generar espacios de comunión o de capacitación para ellos, en formato de cenas, jornadas o hasta congresos. Es posible aprovechar estos espacios para brindarles información acotada pero útil.
- Sería genial encontrar uno o dos miembros del equipo en quienes delegar la tarea de comunicación con los padres.

VAMOS A CELEBRAR

Una de las cosas que no pueden faltar, no solo en tu ministerio sino también en tu vida, es la celebración. Siempre hay un buen motivo para hacer una fiesta, siempre podemos encontrar una razón que nos invite al banquete. Para Jesús, servicio y festejo nunca se contraponen, espiritualidad y alegría nunca se repelen. El Antiguo y el Nuevo Testamento están llenos de fiestas en las que Dios participó con alegría. El saber celebrar como corresponde es una manera cabal para dejar a la luz qué tan espirituales somos. Qué bueno que podamos hacer fiestas que reúnan a la familia. Qué bueno que podamos celebrar y agasajar a los padres de nuestros preadolescentes. Es un espacio genial para conectar con los papás y generar el saludable ejercicio del servicio para nosotros y también para los chicos.

Esta es una idea que siempre hay que implementar; al menos una vez al año debería ocurrir. Invita a los padres y madres a una cena para celebrar la vida, agradéceles porque te permiten conocer a sus maravillosos hijos, hónralos por su tarea, reconoce lo difícil del papel que les toca desempeñar, sírveles de comer y beber, háblales bien de sus hijos, juega con ellos, lleva un show de circo, un cantante, anímalos a conocerse con otros padres... ¡Agasájalos!

- Practica el amor servicial y desinteresado mostrándote festivo y servicial. Pídele al Espíritu de Dios que no te deje hacerlo solo como una estrategia mezquina; que se haga parte tuya, una expresión del carácter de Cristo en tu ser.
- Puedes ponerte de acuerdo con el ministerio de niños y con el de adolescentes y armar un fiestón.
- Puedes unir la oportunidad de la cena a una causa y cobrar el plato para cubrir los costos y recaudar fondos.
- Es una buena oportunidad para que los padres se conozcan. Puedes realizar alguna actividad o juego integrador.
- Si en tu ministerio trabajas con alguna división en grupos pequeños, puedes hacer que los padres de los chicos del mismo subgrupo y el líder, facilitador o coordinador de esos chicos se sienten juntos.
- Puedes sentar a los padres de las chicas por un lado y de los chicos por otro.
- Te aconsejo que tengas previsto contar con algún padre o madre asignado a cada mesa para hacer una oración

por los hijos de los que se sentaron juntos. Pueden orar brevemente además de la oración de algún líder del equipo.

- Te recomiendo que propongas charlas positivas sobre sus hijos: que reconozcan dones, que hablen de lo que les gusta, la anécdota más amada, lo que más les impacta de sus hijos, aquello que les desean para su futuro. Para críticas, reproches, quejas o preocupaciones habilita el diálogo en privado.
- Permite que los ministerios de matrimonios, hombres o mujeres, promocionen sus actividades y que sus líderes se den a conocer. Cuando los presentes no dejes de hablar bien de ellos.
- Invita al pastor principal o alguno del equipo pastoral. Preséntalo a los padres que no participen de la iglesia o no los conozcan. Cuando lo hagas, habla muy bien de él o ella.
- A los papás que no participan de la iglesia puedes darles algún folleto que tenga la misión y visión de la congregación y del ministerio de preadolescentes.
- Aquí es donde puedes entregarles la carpeta atractiva a la que me referí antes.
- Puedes incorporar o no a los chicos al encuentro. En caso de invitarlos puedes hacer que participen decorando o sirviendo las mesas. Puedes terminar la cena orando por todos con los padres abrazando a sus hijos.

Seguramente se te podrán ocurrir otras ideas aún mejores que estas.

BRINDA ESPACIOS DE REFLEXIÓN O CAPACITACIÓN

La iglesia es un espacio sensacional. Me entusiasma el tan solo pensar en todo lo bueno que puede ocurrir en el ámbito que propicia. No me refiero al espacio geográfico o a los edificios en los que nos congregamos. Hablo de ese espacio que se genera en cualquier lugar y que se centra no en la geografía sino en el vínculo de la fraternidad en Cristo. En tanto y en cuanto los hombres y mujeres se apropien de esa impresionante realidad y decidan experimentarla de manera consciente, independientemente del lugar físico en el que ocurra, los efectos de esa experiencia serán maravillosos.

Una de las posibilidades que genera ese ámbito es lo que a mí me gusta llamar la reflexión comunitaria: un ejercicio que para ser llevado a cabo requiere del otro; donde el diálogo alcanza su máximo potencial en lo que algunos llaman «triálogo», experiencia que se abraza cuando tomamos conciencia de que Jesús nunca ha dejado de participar en la conversación en la que tú y yo estamos metidos. Puede que no lo notes o que decididamente te niegues a hacerlo partícipe, pero él está presente. Lo que puedes llegar a percibir como su ausencia no tiene que ver con una de sus acciones. Suele estar vinculado a tu ignorancia, tu inconsciencia o tu indiferencia.

La reflexión comunitaria se da cuando el apetito por aprender nos da identidad de discípulos, cuando la humildad abre las puertas a conversaciones fluidas donde disfruto de oír lo que el otro tiene para aportarme porque deseo aprovecharlo para que el Maestro profundice en mi aprendizaje. Todos los que ocupamos cualquier puesto de autoridad, en cualquier congregación, no deberíamos ser líderes para decirle a la gente lo que tiene que pensar, sino para ayudarla a pensar. No se trata de vivirle la vida a las personas, ni de tomar las decisiones por ellos. A lo largo de su ministerio Jesús ayudó a pensar a sus discípulos. Observa el diálogo de Jesús con Nicodemo en el capítulo 3 de Juan, o con la mujer samaritana en el capítulo 4, o cada vez que pronunció una parábola y la dejó prendida con un alfiler en la pared de los cerebros de su audiencia, o aquella vez que lanzó la pregunta a sus discípulos: *«¿Y quién creen ustedes que soy?». Mateo 6:15*

Ningún papá o mamá está esperando con ansias el sermón anual sobre cómo ser un buen padre de parte del líder de preadolescentes. Olvídalo. Es muy difícil escuchar un consejo proveniente del líder de mi hijo sin que este caiga como un reclamo encubierto (y esto no tiene que ver con la calidad o la disposición de los padres). Es importante comprender que toda relación genera conflicto y el triángulo que se genera entre padres, preadolescentes y líder no va a ser la excepción. Por lo tanto, volvemos al capítulo anterior para recordar que el aprendizaje profundo es un proceso que se desarrolla en la combinación casi química que se da entre vínculo y comunicación. Es decir, no apuestes a influir en el pensamiento de los padres de los chicos con los que trabajas a golpe de evento, taller o sermón. El desafío será entonces crear el vínculo afianzando la mejor comunicación posible. Saluda a cada padre que forma parte de tu congregación al finalizar el culto dominical, cuando traen a sus hijos a participar de los encuentros que propones, y también cuando los vienen a buscar. Conoce sus nombres, conecta con ellos por medio de las redes sociales, solicítales pedidos de oración, muéstrate dispuesto para toda consulta, ora por ellos. Mantenlos informados y agasájalos. Diez manifestaciones salvajes de afecto y afirmación dan el crédito para una civilizada corrección. Si ya tienes hijos en esa edad muéstrate humano y falible. Pide oración por ti. Reconoce tu necesidad de ser auxiliado por Dios y que, muchas veces, a tu manual también lo alcanzaron las llamas. Si aún no tienes hijos de esta edad te tocará entonces ser el triple de respetuoso. Rodéate de buenos adultos con experiencias saludables y observables en sus familias e hijos, y utilízalos de ejemplo y de consultores o consejeros.

Te comparto algunas estrategias para cuidarte de ti mismo, promover la reflexión y la capacitación, proteger tu relación con los padres de los chicos y no quedar como un soberbio e irritante sabelotodo juzgador:

- Préstales atención a los consejos para cuidar y fortalecer la relación con los padres que observamos en el párrafo anterior.
- Genera espacios de diálogo para compartir preocupaciones sobre la vida de los hijos que genere una lista de conflictos, problemas e inquietudes. Haz una puesta en común de esa lista y entonces promueve orar por ella, anima a la actitud humilde de buscar ayuda pastoral o profesional al respecto y proponles traer un especialista para dar alguna charla, cuyo contenido dé respuestas a esas necesidades. Esto lo puedes hacer a través de una reunión de padres, una entrevista personal o una encuesta online (Google te ofrece de manera gratuita el recurso de formularios para encuestas que puedes

personalizar y enviar a tus consultados a través de cualquier medio tecnológico).

- Busca a alguien capacitado y experimentado para dictar seminarios, charlas o talleres para padres. Recuerda que Jesús mismo dijo que no hay profeta en su propia tierra y que siempre la relación asidua, esa familiaridad, muchas veces atenta contra la receptibilidad de las personas que te conocen desde hace tanto tiempo o en tu versión más terrenal.
- Comunica lo que te moleste o lo que te preocupe, no desde el reproche o desde la exhortación sino desde una inquietud personal: cosas que observas y que quieres compartir con ellos para que consideren.
- Comunica necesidades del ministerio como tales, no como reproches o exigencias. Expresa con humildad tu necesidad de recibir ayuda, comunicando lo importante y trascendente de la tarea que tú y tu equipo llevan a cabo. Trata de transmitir que la misión que se proponen cumplir, tanto tu equipo como ellos, requiere de trabajar juntos, unidos por las nuevas generaciones. De alguna manera, invítalos a verse con el mismo objetivo de bendecir a sus hijos y que esto requiere formar un equipo, reflexionar y capacitarse para alcanzar ese logro.
- Da pruebas concretas de que te capacitas por amor a sus hijos. Compárteles material literario y audiovisual que ya te ha enriquecido y que encontraste previamente en tu búsqueda de bendecir a sus hijos. Esto te dará autoridad y puede resultar de inspiración para generar apertura a la capacitación propia.

- Procura incluir de alguna manera a distintos padres al ministerio. Ese será el contenido del siguiente apartado.

Algunos temas que considero importantes para la reflexión con los padres.

- El efecto de la relación de los padres entre sí en la construcción de la seguridad de los chicos.
- La compresión de que, si bien existen límites que obstaculizan la libertad, existen otros que la potencian. Por eso los límites positivos son una maravillosa muestra de amor porque educan para la verdadera libertad.
- La necesidad de encontrar tiempo de calidad, de parte de los padres, para con cada hijo en particular.
- Lo importante de acompañar a los hermanos en la construcción de relaciones amables y positivas.
- Los cuidados a tener en el uso de internet, redes sociales, dispositivos móviles y otros elementos de consumo de la era digital.
- El incentivo a tener una relación fresca, abundante e intensa con Jesús como Maestro, Señor y Amigo a través de la integridad de nuestras acciones, actitudes, conductas, gestos y abstinencias. Promover la lectura bíblica y la oración.
- Lo importante de facilitar relaciones positivas con otros adultos o jóvenes confiables, que acompañen a nuestros hijos en la vida.
- Lo vital de promover la participación perseverante de nuestros hijos en la vida de la iglesia.

- Lo fundamental de trabajar en la formación de nuestros hijos para que sus decisiones de fe se afirmen sobre convicciones y no sobre la represión.
- El diálogo sobre las cuestiones referidas a la sexualidad que ayudan a tener la información correcta y faciliten la prevención del abuso.

Seguramente existen un sin fin de temas más que pueden abordarse. Estos son solo algunos que, desde mi experiencia particular, me parecen importantes de ser atendidos. Debes considerar su abordaje teniendo en cuenta también cuál es el nivel de compromiso con Jesús entre los padres de los chicos de tu grupo.

GENERA ESPACIOS PARA LA PARTICIPACIÓN

Juega al Dr. Frankenstein: arma tu adulto especial. Selecciona las partes para tu propio ensamble, date el permiso. Ármalo pensando en el adulto que te gustaría que fuera tu colaborador al 100%. Consideremos espiritualidad, disposición, disponibilidad horaria, gracia, amor por los preadolescentes, sentido de la ubicación, oído atento, humildad, sabiduría, relación estrecha con el pastor principal, etc. Comienza a coser las partes, prepara las conexiones eléctricas para darle vida, sueña con su obediencia incondicional a todos tus requerimientos y ahora... ¡despierta! Lo único que se ajusta a la realidad en este delirio que te propuse es que ese adulto no existe y que para que existiera deberías ensamblar partes obtenidas de muchas personas, y eso por ahora es imposible. Recuerda además que aquel monstruo de la famosa novela no resultó muy obediente que digamos para con el desquiciado científico.

Los chicos con los que trabajas y tu ministerio con ellos sería enormemente enriquecido si ese adulto pudiera sumarse a tu equipo. Me animaría a decirte que resulta necesario que lo encuentres si quieres dar un salto de calidad en lo que te propones lograr con los pre de tu iglesia. Lamentablemente, será muy difícil encontrar todo lo que necesitas en una sola persona.

Cuando iniciamos este capítulo te conté acerca de los adultos que nos acompañaron al inicio de L.A.GR.AM. Ellos fueron de enorme bendición para nosotros y para los chicos a los que pudimos servir, pero ninguno de ellos nos dio todo lo que necesitábamos. Varias familias aportaron para nuestras oficinas ministeriales, cediendo sus casas para que nos reuniéramos, otros nos ayudaron con sus contactos, algunos nos regalaron su amable presencia que tranquilizaba a otros adultos, otros donaron el combustible y el desgaste de sus automóviles, unos ofrendaron con generosidad, otros nos mimaron con su cocina. Hubo quienes nos hospedaron o nos escucharon, o nos consolaron, o nos regalaron su consejo sabio o su conocimiento académico, o nos abrieron puertas, oraron por nosotros, o... evitaron que nos matáramos en distintas discusiones que solíamos tener. Fue el conjunto de todos ellos lo que nos permitió observar la mano del Único que realmente está capacitado para juntar todos los pedazos y lograr un todo digno que sea mucho más que la suma de las partes. Existe el Dios perfecto. No existe el ser humano perfecto. Si esperas al adulto ideal para darle participación, envejecerás descubriendo que los años tampoco podrán convertirte a ti en ese «superadulto».

Trabajar en equipo, sumando voluntades y capacidades, requiere entender que las personas somos virtuosas y limitadas a la vez. Debemos conocernos, reconocer nuestras limitaciones, honrar nuestras virtudes, celebrarlas y gloriarnos en nuestras debilidades porque en ellas nuestro Dios perfecto se manifiesta con poder. Muchas veces nuestro deseo de controlarlo todo nos hace tener expectativas desproporcionadas e irreales sobre las personas, y un pequeño defecto nos frustra y nos enoja de tal manera que hace que nos perdamos todo lo que Dios puede darnos por las virtudes presentes en esas personas débiles, a través de las cuales él desea obrar con poder.

Cuando entiendes esto y generas la participación, además de los resultados operativos que puedes obtener por la colaboración de los padres, estarás promoviendo relaciones que pueden nutrirte, estarás acercando a más personas a tu radio de influencia y, muy probablemente, tendrás la oportunidad de promover mejores condiciones en las relaciones entre padres e hijos.

Sumar a padres al ministerio que Dios te encomendó requerirá de tu humildad y de tu sabiduría. Lo mejor que puedes hacer es comenzar por pensar en lo que necesitas, y ser específico y concreto al pedir ayuda. Hazlo con amabilidad y responde con gratitud aun en la negativa. Si no pueden ayudarte ahora, pregunta si en alguna otra instancia podrían hacerlo.

Dios te mostrará si existe alguna madre o padre con el llamado necesario para servir contigo en el equipo. Cuando así sea, genera el espacio con generosidad. En nuestro staff existe un matrimonio fantástico que tiene a sus dos hijos en el grupo con el que trabajamos. Estos chicos, lejos de molestarse de tener que compartir el espacio con sus papás, se muestran agradecidos por que sus padres actúen en obediencia a Jesús. Aun cuando ellos no lo expresarían así, se los puede ver alegres y sin conflictos, compartiendo el espacio con sus padres. La diferencia la hace el llamado. Estos padres encarnan, de manera hermosa, la complementación entre discipulado y crianza; son un ejemplo para mostrar a otros adultos ese modelo bíblico que pretendemos promover. No son perfectos, así que cubrimos sus limitaciones, potenciamos sus virtudes y nos gloriamos en sus debilidades.

Sé fiel al Señor, sé excelente en todo lo que hagas y no tengas miedo. Luego de unos años, los cocineros de los campamentos de L.A.GR.AM. nos confesaron haber comenzado a servir entre nosotros para espiar dónde se habían metido sus hijos. Cuando nos conocieron, nos amaron profundamente y se quedaron a servir entre nosotros por más de trece años. Aún hoy la relación de amor continúa.

No existen ni los padres ni los líderes ni las personas perfectas, pero sí existe el Dios perfecto que hace cosas maravillosas usando gente imperfecta.

3
EL SECRETO DE LA SEXUALIDAD SANA

Discipular a los preadolescentes incluye sembrar para que cultiven una sexualidad sana y podamos prevenir el abuso.

En aquel campamento de escuela era muy fácil visualizar a los chicos de distintas edades porque cada curso tenía una prenda que lo identificaba. Este era un colegio que tengo el honor de que me invite a menudo. Se encuentra en el interior profundo de mi país, a dieciséis horas de ómnibus desde mi casa. Ahí estaba, junto a una amiga que también trabaja entre adolescentes, compartiendo tiempo y charlas con chicos entre doce y diecisiete años (lo que en Argentina comprende desde el año final, el séptimo, de la primaria y el quinto y último del nivel secundario). Los directivos de la escuela nos habían pedido que a las charlas que ya veníamos brindando les sumáramos un espacio de preguntas para las chicas por un lado y para los varones por el otro. Así que yo me llevé a los varones debajo de un techo sin paredes, muy próximo a las parrillas donde a escasos metros madres y padres asaban pollos para la noche. La consigna era escribir preguntas en pequeños papeles e introducirlos en unas urnas improvisadas para que, llegado el momento, yo pudiera ir extrayéndolos de a uno y fuera respondiendo. Cuando abrí aquella caja solo había dos consultas. Una se refería a un conflicto de relaciones escolares y la otra preguntaba textualmente: *«¿Está bien el sexo oral?»*

Automáticamente se oyó un: *«¡¡¡Uuuuuuuuuh!!!»*, seguido de risas nerviosas y comentarios murmurados entre cómplices amigos. Pero ahí estaba yo... les habían prometido que contestaría todas las preguntas y era evidente que no dejarían pasar la oportunidad. Todo lo que allí acontecía era recepcionado por los atentos oídos del personal docente de la institución y de los padres que cocinaban los pollos.

Con una estrategia vieja y ensayada, luego de definir el tema en cuestión como la práctica sexual donde se besa a los órganos sexuales de la pareja con quien se comparte la experiencia, devolví la pregunta para abrir la participación y saber dónde estaban parados aquellos muchachos. El auditorio estaba dividido. Aproximadamente el cincuenta por ciento consideraba la práctica como desaprobada por Dios, y la otra mitad consideraba que no había objeción sobre la misma.

LO QUE NO SÉ SI GOOGLE TE VA A AVISAR

Me parece bueno considerar algunas cosas antes de continuar con mi relato: es importante notar que la mayoría, aun cuando muchos no registraban haber hablado este tema con algún adulto, ya tenía una opinión. Alguna vez pregunté en otro grupo de adolescentes: *«¿Con quién o con quiénes hablan los temas referidos a la sexualidad?».* Entre distintas respuestas, uno de los más graciosos me contestó: *«Yo lo hablo con Google».* Pensé que, una vez más, me estaba haciendo una broma pero para mi asombro me devolvió una mirada seria y me aseguró que no bromeaba. Acto seguido, comenzó a explicarme a mí y a los otros presentes el sin fin de preguntas que ya le había hecho al famoso buscador.

Los chicos reciben información sobre la sexualidad de maneras más tempranas, más accesibles y más abundantes que ninguna otra generación anterior. Internet es el medio privilegiado, ya sea a través de portales educativos o científicos, o por medio de las redes sociales, o por el acceso irrestricto a temáticas o escenas desarrolladas por la industria del entretenimiento o la pornografía. Obviamente, existen distintas intencionalidades y diferentes calidades de información pero están ahí, a unos pocos clics de distancia, todas mezcladas en una cuestionable clasificación en el abundante guiso al que llamamos internet.

El fenómeno de los youtubers y los gamers también hace su aporte a la información, ya sea a través de rutinas editadas, en el caso de los primeros, o con distintos comentarios mientras se filman jugando diversos juegos de video, en el caso de los segundos. A través de sus canales en YouTube, distintos personajes, desde el humor o desde la reflexión, desarrollan un menú de temas que pueden abarcar vocación, violencia familiar, noviazgo, sexualidad o abuso. Millones de niños y preadolescentes los consumen a diario desde sus computadoras o desde los dispositivos móviles propios o de sus padres. Así, nuestros chicos les regalan a estos novedosos comunicadores un nivel de popularidad jamás visto, mientras reciben toneladas de información que considero que, al menos, debería ser chequeada.

Las series televisivas de contenido juvenil con protagonistas adolescentes que aterrizan en todos los dispositivos de comunicación que portamos o tenemos fijos en casa, traen a la pantalla y a los ojos y oídos de nuestros hijos, todas las temáticas sobre sexualidad que se te puedan ocurrir, ya sea a través de imágenes o de distintos comentarios en los diálogos entre sus protagonistas: heterosexualidad, homosexualidad, bisexualidad, trata de personas, prostitución, violencia, abuso, violación, fetichismo, sadomasoquismo, zoofilia y esa que me olvidé mencionar... también. El acceso está ahí nomás y la medida preventiva está resignada a pequeñas leyendas, en pequeñas letras, que clasifican la producción como prohibida para menores de trece, dieciséis o dieciocho años. Están ahí, en ese pequeño reproductor que nuestros preadolescentes pueden consumir en sus cuartos, debajo de las sábanas, con el auricular pegado al orificio de la oreja, las dieciséis horas del día y las ocho horas de la noche también.

La conexión que brinda internet también puede generarles el acceso a distintas personas, de diferentes lugares del mundo, de diversas creencias, valores o principios, que pueden ingresar a la vida de nuestros hijos simplemente con un número telefónico o con un perfil en una red social. Las múltiples historias que puedo recoger, desde mi experiencia, incluyen desde formidables amistades hasta pederastas. El maravilloso mundo que la tecnología nos abre a los que solo la consumimos o aprovechamos, es aún más vasto para quienes conocen sus secretos y la reinventan a cada segundo. Software malicioso o espía, o distintos virus pueden acceder a nuestros dispositivos destruyendo información valiosa o robándola, promoviendo productos y servicios por los que no haríamos averiguaciones por propia voluntad, o dándoles acceso a nuestros hijos a individuos siniestros.

¡¿QUÉ VAMOS A HACER?!

A esta altura podríamos pensar que una buena estrategia sería aumentar los controles parentales o censurarles el uso de internet y dispositivos móviles a nuestros chicos. Quizás alguno puede pensar y exclamar: «¡¿Y quién le da a un chico de diez años un celular?!». Todos estos cuestionamientos o acciones son atendibles y posibles. No cuestionaría ninguna medida en primera instancia. Pero los chicos llegan a la escuela y un compañero trae su celular. O aquel chico del cuarto banco consumió esa serie, o el padre de aquel otro ya lo introdujo a la pornografía...y el tema va a salir... ahí estará.

Una mañana estaba en mi automóvil con mi hijo, que en ese momento tenía nueve años. Estábamos esperando que las puertas de su escuela se abrieran. Le pregunto si tiene alguna duda, si hay algo en especial de lo que desea hablar. Me responde que no. Decido ir por más y elijo insistir: *«¿Tus compañeros hablan de sexo, dicen algo que no entiendas?»*. Termino de hacer la pregunta e interiormente me cuestiono a mí mismo: ¿no estaré acelerando los tiempos? ¿No estaré haciendo preguntas que él no se hace? ¿No despertaré cosas que aún están dormidas? Entonces Franco me arranca de mis reflexiones y me responde: *«Sí, papá. Mis compañeros hablan de porno... ¿qué es porno?»*. Entonces descubro que tengo que abordar un tema del que yo, a su edad, ni siquiera sabía que existía. Pasarían varios años más hasta que la democracia y la peluquería del barrio me «obsequiaran» las primeras imágenes eróticas impresas en papel. Aun así, descubro que si no soy yo quien lo ayude con esta información, será otro compañero de su misma edad, o un maestro de la escuela, o un youtuber, o cualquier otro, que no me va a pedir permiso para anticiparme. Entonces hablo con él, lo charlamos y luego lo veo entrar a esa escuela que elegí con tanto cuidado, ese colegio cristiano que me dio tanta tranquilidad al comienzo del año. Lo veo cruzar la puerta, observo cómo se despide una vez más sacudiendo su mano y veo cómo se hunde en la multitud de uniformes hasta perderse de mi vista. Y entonces no puedo dejar de preguntarme: ¿qué vamos a hacer?

¿Eliminaremos todos los dispositivos?

¿Censuraremos el uso de internet?

¿Aumentaremos los controles parentales?

¿Prohibiremos que nuestros hijos hablen con sus compañeros en la escuela?

¿Los sacaremos de los colegios para que ningún «niño contaminado» los ensucie?

¿No los dejaremos hablar con extraños?

¿Los encerraremos en nuestras casas?

¿Los encerraremos en sus cuartos?

¿Nos dejará lo suficientemente tranquilos encerrarlos en los templos de nuestras iglesias?

ENVÍO O AISLAMIENTO

Como Cristo lo anticipaba, la respuesta no es aislarnos ni aislar a nuestros hijos del mundo. Así oró Jesús:

«No ruego que los quites del mundo, sino que los guardes del mal». Juan 17:15 (RVR1960)

El aislamiento no sirve. La experiencia muestra que la proscripción o la restricción, que nunca han servido, hoy en día... ¡menos aún! Tarde o temprano esa información llegará a alguno de los sentidos de nuestros chicos.

Evidentemente, debe haber otra respuesta y creo que Jesús nos da algunas pistas al seguir orando por nosotros.

«No son del mundo, como tampoco yo soy del mundo. Santifícalos en tu verdad; tu palabra es verdad. Como tú me enviaste al mundo, así yo los he enviado al mundo. Y por ellos yo me santifico a mí mismo, para que también ellos sean santificados en la verdad. Mas no ruego solamente por éstos, sino también por los que han de creer en mí por la palabra de ellos, para que todos sean uno; como tú, oh Padre, en mí, y yo en ti, que también ellos sean uno en nosotros; para que el mundo crea que tú me enviaste. La gloria que me diste, yo les he dado, para que sean uno, así como nosotros somos uno. Yo en ellos, y tú en mí, para que sean perfectos en unidad, para que el mundo conozca que tú me enviaste, y que los has amado a ellos como también a mí me has amado. Padre, aquellos que me has dado, quiero que donde yo estoy, también ellos estén conmigo, para que vean mi gloria que me has dado; porque me has amado desde antes de la fundación del mundo. Padre justo, el mundo no

LA SANTIDAD NO ES UNA PRÁCTICA DE AISLAMIENTO. TODO LO CONTRARIO: ES UNA DETERMINACIÓN A RESPONDER VALIENTEMENTE AL ENVÍO.

te ha conocido, pero yo te he conocido, y éstos han conocido que tú me enviaste. Y les he dado a conocer tu nombre, y lo daré a conocer aún, para que el amor con que me has amado, esté en ellos, y yo en ellos». Juan 17:16-26 (RVR 1960)

¿En qué consiste la promoción de la santidad en tu ministerio con la nueva generación? Tengo la impresión de haber sido formado para creer que la santidad era la respuesta para obedecer los antojos de Dios. Me rehúso firmemente a creer que así sea para mi vida, que deba formar a mis hijos sobre ese pensamiento, que tenga que enseñarle eso a la generación que viene. No lo creo y creo poder explicar por qué no.

La santidad no es una práctica de aislamiento. Todo lo contrario: es una determinación a responder valientemente al envío; así lo proclama Jesús:

«No son del mundo, como tampoco yo soy del mundo. Santifícalos en tu verdad; tu palabra es verdad. Como tú me enviaste al mundo, así yo los he enviado al mundo». Juan 17:16-18 (RVR1960)

Jesús se afirma sobre una convicción: no son de este mundo. Trabajamos con chicos que no pertenecen a este mundo. La sociedad, el sistema, los medios, las redes, las escuelas y muchas veces los padres, la mayoría de las veces sin mala intención, quieren adueñarse de ellos. Hacer terrenal aquello que tiene un sello celestial. Trabajarán para hacerlo otra vez con la nueva generación. No permitas que te suceda, no permitas que les suceda.

La verdad de Dios, en la que Cristo pide que seamos santificados, afirma que salimos del corazón de Dios y que la vida es un viaje breve para regresar al Padre; viaje al que Jesús nos envía, y nosotros nos asociamos para enviar a la generación que viene. Ese es tu desafío al servir a las nuevas generaciones. Necesitamos dar respuestas al hoy, hablar de hoy, conectar con el hoy, afirmarnos en la tierra, pero con el desafío de mostrarles a los chicos que lo verdaderamente importante no está en este mundo. Es una incansable búsqueda por encontrar un equilibrio que dé cuenta de estas dos realidades que interactúan entre sí.

La sexualidad no queda excluida de esto. Cuando aquella tarde en aquel campamento de escuela la pregunta fue devuelta a aquellos varones y ellos respondieron divididos, les pregunté a los que consideraban el sexo oral como pecaminoso en qué afirmaban su respuesta. Uno de los muchachos trajo este versículo a la conversación:

«Por esto Dios los entregó a pasiones vergonzosas; pues aun sus mujeres cambiaron el uso natural por el que es contra naturaleza, y de igual modo también los hombres, dejando el uso natural de la mujer, se encendieron en su lascivia unos con otros, cometiendo hechos vergonzosos hombres con hombres, y recibiendo en sí mismos la retribución debida a su extravío». Romanos 1:26-27 (RVR 1960)

Este chico solo hizo referencia al hecho de cambiar el uso natural argumentando que introducir los órganos sexuales en la boca de mi pareja no era algo natural. Yo no deseaba pronunciarme ni a favor ni en contra de esa postura. Pero, de alguna manera, quería ayudarlos a elegir la santidad que nace de obedecer valientemente al llamado de Jesús, y no la que tiene origen en la represión.

OBEDECER CAPRICHOS O DESCUBRIR LO QUE CONSTRUYE

Jesús nos mostró al Padre y cuando lo hizo, y lo sigue haciendo, echa por tierra la idea de un Dios caprichoso que impone reglas porque sí y nada más. Dios nos ama y desea que nos amemos. Toda práctica humana debe estar dirigida desde y hacia el amor. El amor a Dios, a los demás y a uno mismo. Por esta razón, el apóstol Pablo echa por tierra la pregunta tal cual la formularon los chicos aquella tarde: *«¿Está bien el sexo oral?»*. Pablo responderá:

«Es verdad que «todo está permitido», pero no todo es provechoso ni edifica a los demás. Uno no puede pensar sólo en uno mismo. Hay que pensar en lo que conviene para el bien de los demás». 1 Corintios 10:23-24

La pregunta correcta no es si está bien. La pregunta a hacer es si conviene, si es provechoso, constructivo, si atiende también al bien del otro.

Les pregunté a los chicos qué consideraban que estaba mal: *«¿Por qué creen que Dios consideraría el sexo oral como no natural?»*. Y ellos me respondieron que no era el lugar que

Dios había diseñado para la práctica sexual. Los que estaban a favor del sexo oral argumentaron que no había razones para limitar los besos a algunas áreas del cuerpo y a otras no. Los que estaban en contra no supieron qué responder. Entonces les pregunté a los que estaban a favor: *«¿Qué pasaría si alguno de los dos tuviera una enfermedad infecciosa, como una infección urinaria? ¿Aun así la pareja debería aceptar la práctica?»*. Los que estaban en contra pusieron cara de satisfacción. Los que estaban a favor respondieron: *«¡Claro que no! Pero si estuvieran sanos no entendemos por qué habría objeción»*. Los que estaban en contra no supieron qué responder. Entonces pregunté a ambos grupos: *«¿Pero acaso ese principio no sería válido para las relaciones sexuales que consideraríamos naturales? Es más... si yo tuviera alguna infección en mi mano... ¿estaría bien que le pidiera a mi pareja que la besara?»*. Ahora los de la cara de satisfacción fueron los que estaban a favor.

SEXUALIDAD, DISCIPULADO Y AMOR

Dios creó la genitalidad para sellar la relación de amor comprometida entre dos personas que se aman y son socias por amor. Por eso creemos que la experiencia de las llamadas relaciones sexuales, también conocidas como «hacer el amor», son para el matrimonio. No importa cuál sea la práctica, la pregunta no es si es lícita o no, la pregunta es si aprovecha, si conviene, si edifica, si tiene en cuenta el bien del otro. En ese marco podemos hablar de todo, pensarlo y discutirlo abiertamente. La recomendación del apóstol me deja claro que no debería aceptar ninguna práctica que atente contra la salud física, emocional o psicológica, propia o de mi pareja, pero no por un dogma, no por una norma religiosa, no por un supuesto capricho de Dios, sino por la simple razón de que no hay provecho en eso, no conviene, no me construye ni aporta a la construcción del otro. Pero para pensar así es fundamental entender que no respondemos a los principios egoístas y destructivos de este sistema que acciona como si todo lo bueno estuviera ligado al propio bienestar de mi propio ombligo en esta mi propia tierra. Las nuevas generaciones necesitan ser discipuladas para que sigan al Jesús que los sabe reconocer con una misión en este mundo, pero sin pertenecer a este mundo ni a sus principios. La misión es amar. Por eso elijo todo lo que valore, respete y cuide. Por eso no elijo nada que no cuide, porque de ser así no estaría respetando, lo cual dejaría de manifiesto que no estoy valorando. Así dejaría de considerar el bien del otro, no sería de edificación, no aprovecharía, no convendría. Me comportaría como si fuera de este mundo y yo... no soy de este mundo.

Cuando este principio se afirma en la base de la formación de nuestros hijos, es mucho más sencillo encontrar los anticuerpos para el egoísmo (el propio y el ajeno). Lo cual, entre otras múltiples consecuencias, favorece la construcción de una correcta valoración de la vida, promueve una sexualidad sana y sienta las bases para la prevención del abuso. Observa lo que dice Jesús al cerrar su oración:

«Padre justo, el mundo no te ha conocido, pero yo te he conocido, y éstos han conocido que tú me enviaste. Y les he dado a conocer tu nombre, y lo daré a conocer aún, para que el amor con que me has amado, esté en ellos, y yo en ellos».
Juan 17:25-26 (RVR 1960)

Esta debería ser la intención de todo formador, sea padre, pastor, líder o maestro: conocer al que el mundo no conoce para disfrutarlo y darlo a conocer a otros. Tenemos que llenar a esta generación de relaciones de amor saludables, relaciones de otro mundo, con los principios y valores del reino de los Cielos. No solo con nuestras palabras sino con nuestra presencia, nuestra actitud, nuestras conductas, nuestros gestos y nuestra acción. El amor da sentido, afirma nuestra propia valoración, consolida el respeto y la valoración al prójimo y nos ayuda a descubrir buenas y malas intenciones en nuestro mundo de relaciones. No encontraremos otro fundamento más sólido para diseñar estrategias que promuevan una sexualidad sana y faciliten la prevención del abuso.

Les enseñamos la Biblia a nuestros preadolescentes porque ésta nos revela la verdad, y la verdad nos da libertad y nos santifica. La enseñamos porque la palabra de Jesús sienta fundamentos que previenen los golpes de actuales y futuras tormentas. Pero no solo la enseñamos: la encarnamos. Si la Biblia nos envía a amar, no solo hablamos del amor: amamos. Compartimos abrazos sanos que enseñan que el contacto físico no es solo una herramienta para degenerados. Prestamos oídos que silenciosamente gritan: «¡Eres importante para mí! ¡Me interesa lo que tienes para decirme!». Observamos con ternura y amor porque acompañamos procesos de aprendizaje y crecimiento. Invertimos tiempo y dinero porque reconocemos que son inversiones mínimas comparadas con las ganancias que obtendremos. Andamos a diario, cada minuto, asociados al amor al Padre. ¿Esto te parece de otro mundo? Definitivamente debe ser así, porque lo es.

Déjame compartirte algunas ideas para trabajar estas cuestiones.

- Busca expertos profesionales que te ayuden a tratar los diversos temas de una sexualidad sana y cualquier trastorno referido a esta.
- Aprende a diagnosticar y hazlo a través de grupos pequeños o entrevistas personales, a través de mucho amor y de buenas preguntas.
- Consulta permanentemente, sin juzgar, qué es lo que tus chicos consumen en los medios o en las redes sociales y haz tu propia investigación al respecto. Dialoga con tu equipo y busca asesoramiento referido al contenido de lo que miran y escuchan.
- Genera espacios de diálogo y capacitación para los padres y madres con el fin de tenerlos informados sobre los temas referidos a sexualidad sana y prevención del abuso.
- No descuides nunca tu propia capacitación y la de tu equipo. No te quedes con lo que ya sabes.
- Recuerda que no hay mejor medio para el tratamiento y la prevención del abuso que la comunicación abierta, el oído atento y el abrazo que contiene.

Debemos pensar seriamente cómo nuestros ministerios para preadolescentes edifican refugios de amor, y a eso nos referiremos en próximos capítulos. Ahora déjame que termine de contarte la historia de ese espacio de preguntas y respuestas, en aquel campamento de escuela.

TODO LO QUE PREGUNTAN LOS CHICOS

Aquella había sido una charla muy seria sobre temas muy profundos de la sexualidad humana. Me preocuparon los chicos de séptimo grado. Interiormente me hice las mismas preguntas que me había hecho con Franco antes de ingresar a la escuela. ¿No era muy pronto para tratar aquel tema con chicos de apenas doce años? Entonces, mientras intentaba dar un cierre a todo esto (con aquellas madres algo contrariadas mirando desde la parrilla), uno de los chicos de séptimo no me permitió terminar sin hacer una última pregunta sobre el tema en cuestión. Levantó su mano y me miró como con sorpresa. Su expresión fue la de aquella persona que habiendo considerado un tema durante media hora no recibió la respuesta que esperaba. Así que ni bien lo miré se pronunció: *«Bueno, todo bien, pero la pregunta del millón es… ¿es rico o no?».*

LAS PREGUNTAS QUE NUESTRA IGNORANCIA, VERGÜENZA, PEREZA, DESIDIA O DISTRACCIÓN NO NOS DEN PERMISO PARA CONTESTAR, SEGURAMENTE SERÁN CONTESTADAS POR OTROS.

Me salió una gran carcajada, le agradecí el valor de hacer esa pregunta e interiormente agradecí a Dios y a los directivos de aquella escuela. ¡Qué honor me brindaban al permitirme participar de ese espacio tan saludable donde un chico de apenas doce años podía sentirse seguro como para hacer semejante pregunta! Entonces ensayé la mejor respuesta que le pude dar. ¿Qué le conteste? Si sigues leyendo encontrarás la respuesta en las siguientes páginas. Pero esta y otras tantas experiencias me obligan a concluir que necesitamos pedirle sabiduría a Dios y estar despiertos, atentos, porque las preguntas que nuestra ignorancia, vergüenza, pereza, desidia o distracción no nos den permiso para contestar, seguramente serán contestadas por otros. ¿Qué otros? ¡Ah! Eso sí que no te lo sé responder.

4
EL SECRETO DE LA CAPACITACIÓN

Los líderes que aman a los preadolescentes se capacitan constantemente y se complementan con otros en el trabajo en equipo para servir cada vez mejor a sus chicos.

Mamá me educó para ser un niño bueno. Aún hoy puedo recordar sus palabras cuando inicié la secundaria, cuando tenía apenas trece años. Ella me miró y me dijo: *«Germán...no me importa tanto que seas un buen estudiante, quiero que seas un buen compañero»*. Evidentemente me debo haber tomado muy a pecho aquellas palabras. Es obvio que mi percepción concreta de la realidad me jugó una mala pasada porque cuando llegué a quinto año terminé esa etapa de mis estudios llevándome cuatro materias y rindiendo agónicamente tres meses después del cierre de mi cursada. Eso sí: al final del año fui elegido como mejor compañero. Mamá no solo insistía en esto de manera directa con sus consejos. En todo momento insinuaba el valor de la bondad y ¡siempre! me presentaba como un muchacho bueno. Yo podía oírla hablar con otras personas acerca de mí. Ella se mostraba orgullosa de su hijo porque yo era un chico *bueno*. A tal punto me marcó esto en la vida, que una vez alguien realizó una dinámica de presentación donde cada uno debía presentarse a sí mismo diciendo cómo se llamaba, y agregando una virtud que le fuera propia que comenzara con la inicial de su primer nombre. Cuando me tocó el turno dije: «*Me llamo Germán y soy 'güeno'*».

A la hora de influenciar, las madres son realmente poderosas. No me puedo quejar, podría haber sido mucho peor. Estoy muy agradecido a Dios por la influencia de mi mamá. Sin embargo, desde aquellos días hasta hoy, he aprendido que la vida no se trata de ser tan solo una «buena persona». La bondad es una virtud maravillosa, pero para hacer la diferencia se necesitan algunas otras cosas más.

«*Entonces conocerán la verdad, y la verdad los hará libres*».
Juan 8:32

La libertad no se consigue por medio de la bondad. No se es libre a fuerza de buenas intenciones. No se abandona la esclavitud siendo bueno con tus carceleros. No le funcionó a José, allí en la cárcel, en el antiguo Egipto. Ser buenos nos puede ayudar pero definitivamente eso no te hace libre. Alcanzamos la libertad por medio del conocimiento. De hecho, eso sí le sirvió a José. Es cierto que si conoces la verdad, esta te llevará por el camino de la bondad, pero el hecho de ser bueno no garantiza que seas conocedor de la verdad. Puedes ser bueno al mismo tiempo que eres muy tonto o muy ignorante. La verdad no solo te hace bueno: te enseña a aplicar la bondad con sabiduría. Mejor que te lo explique el querido Salomón:

«Adquiere sabiduría e inteligencia, no la olvides ni te apartes de ellas. No abandones la sabiduría, ámala, y ella te protegerá. Lo más importante que debes hacer es adquirir sabiduría, y también buen juicio. Ama la sabiduría, y ella te engrandecerá; aférrate a ella y te honrará; te adornará con diadema de gracia la cabeza; y te obsequiará una hermosa corona. Hijo mío, escucha y obedece mis palabras, y tendrás una larga vida. Yo te llevo por el camino de la sabiduría y te guío por sendas de rectitud. Cuando camines por ellos, nada te estorbará ni tropezarás al correr. Aférrate a mi instrucción, no la olvides; pues ella es tu vida. No hagas lo que hacen los malvados, ni sigas el ejemplo de los malhechores».
Proverbios 4:5-14

Solo la sabiduría te guía al camino de una bondad inteligente, que nada tiene que ver con la ingenuidad «bondadososa». La verdad y la sabiduría se retroalimentan, forman un círculo virtuoso: digerir un poco de verdad me hará lo suficientemente sabio como para ir en búsqueda de más verdad, que a su vez me hará más sabio. Ese proceso es el que me hace libre. Mientras camino ese sendero comprendo cómo puedo abrazar una bondad práctica que me construya a mí y que aporte positivamente a quienes me rodean. Entonces sí, como consecuencia, voy a optar siempre por caminos de rectitud, me alejaré de caminos perversos, pero no de puro bueno y obediente sino porque seguirlos sería torpe y autodestructivo. No porque no sean lícitos, sino porque no me convienen. Lo haré por convicción, no por represión.

Todo Proverbios es un libro destinado a enseñarnos, aconsejarnos, suplicarnos e insistirnos sobre la importancia de adquirir sabiduría y, como si esto fuera poco, la idea está en casi todas las cartas y libros de la Biblia.

Te comparto uno de los tantos proverbios con los que Salomón se transforma en un pájaro carpintero picoteando nuestra cabeza:

«Compra la verdad, y no la vendas; la sabiduría, la enseñanza y la inteligencia». Proverbios 23:23 *(RVR 1960)*

Me gusta que esta traducción elija la palabra *comprar*. Porque debemos saber que toda búsqueda tiene un costo, y la búsqueda de la sabiduría no es la excepción. Nunca podremos dar lo que no tenemos, y si quieres tener deberás invertir tiempo y otros recursos a fin de obtener aquello que luego podrás brindar.

No vamos a ayudar a nadie a descubrir y disfrutar la libertad tan solo siendo líderes, docentes, madres o padres *buenos*. Necesitamos conocer la verdad, porque debemos enseñar la verdad. Habrá que salir de las zonas de confort, correr, buscar, saltar a los brazos de la sabiduría para que ella nos regale su instrucción. Tendremos que buscar a Jesús para que nos ayude a descubrir la verdad que nos hace libres. Habrá que poner energía porque, contrariamente a lo que muchos piensan, la verdad no siempre se nos revelará de manera mágica. Pongamos en contexto el versículo con el que prácticamente iniciamos:

«Entonces Jesús les dijo a los judíos que creyeron en él: —Si ustedes se mantienen obedientes a mis enseñanzas, serán de verdad mis discípulos. Entonces conocerán la verdad, y la verdad los hará libres». Juan 8:31-32

La promesa de Jesús no hace referencia a un evento místico que lo revela todo de tal manera que automáticamente vives una especie de baño de libertad. No es lo que él dijo. Es un proceso que cuando uno observa estos dos versículos resulta sencillo de precisar.

NO VAMOS A AYUDAR A NADIE A DESCUBRIR Y DISFRUTAR LA LIBERTAD TAN SOLO SIENDO LÍDERES, DOCENTES, MADRES O PADRES BUENOS. NECESITAMOS CONOCER LA VERDAD, PORQUE DEBEMOS ENSEÑAR LA VERDAD.

1. Es fundamental creer en él... pero ¡no alcanza!

2. Debo permanecer fiel a sus enseñanzas. Todos los días, bajo cualquier circunstancia, tal como se supone que lo haría alguien que tienen ganas de aprender.

3. Eso es lo que me hace convertirme en un verdadero discípulo. No un rito de iniciación, un acontecimiento místico o una firma en un acta sino un proceso de fidelidad a sus enseñanzas. Querer aprender es condición esencial de la naturaleza del discípulo.

4. Conocer la verdad no resulta entonces un mero descubrimiento intelectual. Implica descubrir que la práctica constante de las enseñanzas del Maestro, sostenidas en el tiempo, dan cuenta de que el Maestro sabe lo que dice y lo que hace. Seguir sus enseñanzas en la práctica cotidiana confirma que lo que dice y hace es la

referencia más concreta y palpable acerca de lo que es verdad.

5. Esa comprensión que se vuelve convicción y práctica tiene como consecuencia la experiencia de la libertad en su más palpable expresión.

Por eso Cristo va a decir: *«Así que si el Hijo los libera, serán libres de verdad»*. Juan 8:36

Aquel que se definió a sí mismo como la verdad (Juan 14:6), ha llegado hasta nosotros para ayudarnos a descubrir la libertad a partir de conocerlo. Si Jesús es la verdad, entonces todo lo verdadero proviene de él, por lo tanto, si conozco la verdad lo conozco a él, y si lo conozco a él conozco la verdad. Para mí, una de las noticias más maravillosas del Evangelio consiste precisamente en eso: la verdad es una persona y se llama Jesús. Puedo sentarme a tomar un café con la verdad y descubrirla, no por medio de la mera acumulación de conocimiento, sino a través de una relación personal con Cristo. Existe una relación directamente proporcional entre mi condición de discípulo y mis posibilidades de disfrutar la libertad; y según lo dice Jesús, mi condición de discípulo está directamente ligada a mis ganas de aprender y de permanecer fiel a sus enseñanzas.

Necesitamos abrazar un espíritu enseñable. En primera instancia, porque hay mucho en Dios y en la vida por aprender y sería torpe negarse a incorporarlo. Luego, porque hay mucho para disfrutar en el descubrimiento de nuevas cosas. Y además, por amor a los que nos rodean. Si la verdad nos trae la libertad, la ignorancia nos trae la esclavitud, y no hay cosa más fea que vivir con un esclavo ignorante. Pobres los que conviven con quien se ha resignado a dejar de aprender. Más aprendemos, más tenemos para brindar a otros. Más aprendemos, más abiertos estamos a seguir aprendiendo.

Más aprendemos, más fácil es sumar distintos y novedosos canales que nos ayudan a incorporar aprendizaje. El discípulo vive en consulta permanente con su Maestro. Lo escucha, lo observa, lo imita; busca su corrección, lo llena de preguntas, está atento a sus respuestas, practica lo enseñado. Los conceptos escuchados no se vuelven aprendizaje real hasta no incorporarse como práctica permanente. Eso es permanecer fiel a sus enseñanzas. Eso te hace discípulo. Eso te hace descubrir la verdad. Eso te hace libre.

Por eso, el desafío es no parar de aprender. Aprender es nuestro derecho y nuestra responsabilidad. Por eso hay que salir, día a día, a buscar sabiduría. Los chicos con los que trabajas te necesitan con un espíritu enseñable, ávido de aprender.

Cuando observamos las Escrituras podemos ver que existen al menos cuatro campos en los que nuestro entendimiento debe crecer:

1. Acerca de la persona de Dios y de las cuestiones referidas a la espiritualidad.
   Juan 14:26, Efesios 1:17-21, Jeremías 33:3 (NVI)

2. Acerca de la administración de las relaciones y los recursos.
   Filipenses 1:9-11, Romanos 13:8-10, Efesios 5:15-17

3. Acerca de cómo servir a Dios y a los demás.
   Juan 12:26, Juan 13:12-17, Mateo 25:37-40

4. Acerca de los tiempos en los que vives. Los conocimientos que aportan las ciencias y el contexto en el que te toca vivir.
   Romanos 13:11-12, Daniel 1:17-20, 1 Crónicas 12:32

Estos son tan solo algunos de los muchos versículos que nos traen revelación. Capacitarse resulta vital. El saber no ocupa lugar. Estudiar no es pecaminoso. La letra mata siempre y cuando no se sujete al Espíritu. Cuando lo hace, la verdad se nos va revelando por lo que leemos, escuchamos, reflexionamos, meditamos o experimentamos. Así, el conocimiento aportado se transforma en práctica sabia. La instrumentación práctica y perseverante de la verdad, regalándonos sabiduría, nos lleva en andas a la libertad. La multitud ama el evento, se apasiona con la experiencia, pero cuando se termina se aleja del Maestro y de sus enseñanzas. Los discípulos participan del evento y lo disfrutan, pero lo comprenden siempre en el marco de un proceso. Cuando se apagan las luces de la actividad, ellos se quedan con Jesús, con hambre de más, con ganas de seguir preguntando, con el deseo de no parar de aprender. Mira esta postal oculta en los Evangelios:

«Cuando despidieron a la multitud y regresaron a la casa, sus discípulos le pidieron que les explicara el simbolismo de la mala hierba y el trigo». Mateo 13:36

¿Nuestra conducta se asemeja más a la de la multitud o a la de aquellos discípulos? Los verdaderos aprendices nunca abandonan el proceso de aprendizaje. Concluido el evento, saben que pueden quedarse de sobremesa con el Maestro. Entran con él a toda casa, a todo espacio, reducen la distancia con él, se le acercan y piden más. Piden y preguntan, despejan dudas. Un tema va llevando al otro y cada conocimiento que adquieren procuran asimilarlo y llevarlo a la práctica, permaneciendo fieles a sus enseñanzas. ¡Ese el espíritu correcto!

Ahora sí. Echemos una breve mirada a cada uno de los campos que antes citábamos.

1. DIOS Y LO ESPIRITUAL

Tú, tu equipo y tus chicos, creciendo en el conocimiento de Dios y de la espiritualidad juntos. La fuente más a mano para crecer en esto es la Biblia. No te digo nada nuevo si te hablo de las bondades de este libro. Lo que sí déjame decirte es que la manera en que te acerques a las Escrituras será muy importante.

En mi experiencia personal, entiendo la Biblia como un libro para crecer en una relación de amor con Dios a partir del diálogo tierno y amable. Él me ama a mí y a toda la humanidad. En esas páginas encuentro una caminata con el Padre más amoroso, con el Amigo más entrañable, con un incansable Compañero de ruta. Él camina a mi lado y, mientras tanto, me frota la cabeza, me quita una basura del ojo, me presta un pañuelo o se ríe conmigo hasta tener dolor abdominal, o me habla de cómo sacarle más jugo a la vida. Me enseña que no puedo hacer eso si no ayudo a otros a aprovechar sus días en este planeta. Así, la Biblia se vuelve un encuentro sagrado, pero a la vez un trampolín para saltar a la pileta más maravillosa alguna vez creada. Debo leer, estudiar, atesorar y practicar las enseñanzas encerradas en este libro. Cuando lo hago, acierto.

«Todo el que presta atención a mis enseñanzas y las pone en práctica es tan sabio como el hombre que edificó su casa sobre una roca bien firme. Cuando llegaron las lluvias, las inundaciones y los huracanes, la casa no se derrumbó porque estaba edificada sobre roca». Mateo 7:24-25

«Que no se aparte nunca de tu boca este libro de la ley. Medita en él día y noche y obedécelo al pie de la letra. Solamente así tendrás éxito». Josué 1:8

«Desde tu niñez conoces las Sagradas Escrituras, y éstas te pueden dar la sabiduría que se necesita para la salvación mediante la fe en Cristo Jesús. La Escritura entera es inspirada por Dios y es útil para enseñarnos, para reprendernos, para corregirnos y para indicarnos cómo llevar una vida justa. De esa manera, los servidores de Dios estarán plenamente capacitados para hacer el bien». 2 Timoteo 3:15-17

Leemos la Biblia para encontrarnos con Dios. Se hace vital crecer en la comunión con Jesús por medio de todas las disciplinas espirituales. Experiméntalo y promuévelo entre el equipo del que formas parte y entre los chicos con los que trabajas.

- Experimenta y promueve la comunión con Jesús, especialmente la oración y la lectura y estudio de la Biblia, como un encuentro fresco y natural. No te cargues con estereotipos religiosos, despégate de frases hechas y repetitivas.

- Desafíate, y motiva a tu equipo, a estudiar en profundidad la Biblia o diversos temas de formación teológica.
- Organiza la oportunidad de leer al mismo tiempo, el mismo libro de la Biblia, de a varios capítulos por semana.
- Anímate y anima a tu equipo y a tus chicos a experimentar con varias traducciones de la Biblia.
- Incorpora y ayúdalos a incorporar el uso de la concordancia de versículos y de las temáticas; úsalas en tus propias investigaciones y envíalos a investigar, por sus propios medios, los temas sobre los que te preguntan o sobre los que están tratando en los encuentros.
- Incorpora las Biblias ilustradas, al estilo comics, a tu propia dieta, a la de tu equipo y a la de tus chicos.
- Anímate y promueve el hábito de aprender versículos de memoria.
- Para quienes saben versículos de memoria: desafíate y estimula a investigar el contexto del versículo que ya memorizaron; es riqueza al lado de la riqueza.
- Lee, junto a los pre, comentarios bíblicos, y desafía a los líderes y maestros a incorporarlos a sus rutinas devocionales.
- Investiga e incorpora diversos métodos para estudiar la Biblia, solos o en grupo, y transmítelos a tu equipo y a los preadolescentes.
- Existe un número importante de recursos en audio y en formato audiovisual con contenido bíblico. Devóralos, promuévelos entre tu equipo y utilízalos con los preadolescentes.

- Si tienes habilidad para rapear, cantar o componer canciones, puedes musicalizar versículos o relatos bíblicos. La música ayuda a memorizar y a atesorar conceptos.
- Busca personas estudiosas de la Biblia, tenlos en cuenta para asesorarte, para entrevistarlos o para que enseñen a tu equipo o a tus chicos.
- Llévalos a orar al aire libre, mientras caminan. Suma café, té, malteadas o jugos a tus momentos de oración. No temas hacer una pausa para tomar un sorbo.
- Anima a la oración en la intimidad y en público. Alienta a tu equipo a orar en voz alta también, como una postal pedagógica que sirva de ejemplo a los chicos.
- Alienta al equipo a animar constantemente a los preadolescentes a orar por diversos temas y a interceder por amigos y familiares.
- Juega a *«Si yo digo... ustedes dicen...»* para meditar sobre diversos temas de Dios y las escrituras. Por ejemplo: «*Si yo digo Dios ustedes dicen...*» (elige una de las palabras que ellos digan). Podría ser *bueno* y ahí vas otra vez; «*Si yo digo bueno ustedes dicen...*». Cuando menos lo pienses, habrás llevado a tus muchachos a un ejercicio de meditación espiritual al alcance de todos, incluyendo a los preadolescentes.
- En la misma línea, si cuentas con un pizarrón podrás armar un mapa mental considerando la naturaleza de Dios u otros temas (existen aplicaciones para dispositivos móviles que también pueden servirte para esto. Esta idea no es mía, es de mi hijo Franco cuando tenía diez años).

2. PERSONAS Y RECURSOS

Tú, tu equipo y tus chicos adquiriendo las actitudes y las habilidades para construir relaciones sanas y para administrar los recursos con sabiduría. Alguien dijo alguna vez que Dios creó a las cosas para ser usadas y a las personas para ser amadas. El ser humano ha sabido invertir eso: ama a las cosas y usa a las personas. El desafío más hermoso es volver a poner las cosas en orden. Ese es el deseo del Espíritu de Dios. Esa es su vocación. Ser discípulos de Jesús implica abrazar el orden divino y ayudar a otros a que lo abracen. Por eso, debemos permitir que el Maestro nos enseñe y nos guíe hacia la dinámica de saber usar las cosas correctamente y a brindar amor a las personas, lo cual también requiere de sabiduría.

¿Cómo me prevengo para no caer en el amor al dinero que la Biblia describe como la raíz de todos los males?

¿Cómo administro correctamente mis recursos?

¿Cómo los pongo al servicio del reino con generosidad pero también con sabiduría?

¿Cómo organizo mi economía de manera sabia, prudente y generosa?

¿Cómo genero fondos para costear los gastos e inversiones que implican llevar adelante el ministerio con preadolescentes de mi iglesia?

¿Cómo los administro con sabiduría de forma tal que se puedan convertir en bendición y hasta se puedan multiplicar?

Estas son algunas de las tantas preguntas que requieren respuestas y que necesitamos poner sobre la mesa de la reflexión, considerando que muy probablemente necesitaremos información y capacitación para hacerlo de la mejor manera posible.

¿Cómo sano las heridas que se produjeron a lo largo de mi vida y de mis relaciones?

¿Cómo puedo escuchar la voz de Dios? ¿Cómo crezco en una relación abundante, fresca y natural con él?

¿Cómo entiendo y aplico el mandamiento de amar a Dios con todo mi ser y a mi prójimo como a mí mismo?

¿Cómo aprendo a escuchar más y a hablar solo lo necesario?

¿Cómo y dónde encuentro principios que me ayuden a tomar decisiones sabias y a relacionarme sanamente?

¿En qué consiste perdonar? ¿Hasta dónde llega el amor incondicional?

¿Cómo hago crecer correctamente todas las experiencias relacionales de mi vida?

¿Cómo enfrento y elaboro los distintos conflictos que las relaciones me proponen?

¿Cómo sobrevivo a mi padre, a mi madre, a mi hermano o hermana, a mi esposa o esposo, a mi suegra o suegro, sin dejar cadáveres por el camino?

Más preguntas. Preguntas que si nunca te hiciste deberías comenzar a hacértelas. Preguntas propias de discípulos que quieren seguir aprendiendo. Preguntas que requieren que salgas a buscar sus posibles respuestas. Por amor a Dios, por amor a ti mismo, por amor a tu prójimo, por amor a tus preadolescentes.

- Investiga e infórmate sobre lo que la Biblia dice sobre estos temas.
- Capacita a tu equipo en administración y en relaciones.
- Invita a especialistas en administración y en relaciones para capacitarte, capacitar a tu equipo y ayudar a tus chicos a aprender sobre esto.
- Lee material, compártelo con tu staff y adáptalo para incorporarlo a la formación de los preadolescentes.
- Haz del tiempo de la actividad con ellos un espacio de refugio donde no solo se tenga una experiencia litúrgica o una lección. El desafío es generar una sucursal del reino donde se ame a las personas, valorándolas, respetándolas y cuidándolas, y se usen las cosas de manera sabia.
- Reflexiona con tu equipo acerca de la cultura que desean que se respire en todo lo que su ministerio produce. El producto de esa reflexión podría derivar en la descripción de su ADN o en una declaración de cultura del ministerio de preadolescentes.
- Promueve el trabajo en equipo ya que favorece el discipulado por la experiencia misma que produce. Si quieres empujar a la formación en relaciones y administración, trabaja en equipo.
- Si existen conflictos o disensos, no huyas de ellos. No los niegues, no desistas, no los ocultes. Tampoco postergues su resolución. Guíate por Mateo 18, exprésalos y elabóralos. Busca ayuda de rápidamente y dale tratamiento.

3. SERVIR A DIOS Y A LOS DEMÁS

Tú, tu equipo y tus chicos creciendo en la consciencia de la importancia de servir y capacitándose para hacerlo mejor. Jesús dijo que en el reino de los Cielos el primero es el que sirve. El servicio es la prueba contundente del amor. El servicio no es tan solo una actividad o una acción. Mucho menos tiene que ver con puestos que ocupes o títulos que obtengas. En el discípulo de Jesús el servicio es un estilo de vida. Es llamativo observar cómo en algunas iglesias se tienden alfombras rojas a personas que se les llama «el siervo del Señor». Tienen que admitir que, al menos, esta situación parece algo contradictoria.

El servicio es una actitud constante. Ser amables, estar atentos a la necesidad del otro, ser prontos a responder, ser proactivos en aportar soluciones. Saludar a comerciantes o servidores públicos, ofrecer ayuda, responder con amabilidad cuando te piden un favor o una indicación en la calle, estar dispuesto a colaborar en los ámbitos en los que invertimos nuestro tiempo (hogar, trabajo, escuela, universidad), ceder el asiento en el transporte público. No se trata de tener un título, o un ministerio. Observa cómo lo plantean Pablo y Pedro:

«Escribo yo, Pablo, esclavo de Dios y mensajero a quien Jesucristo llamó y envió a llevar la fe a los escogidos de Dios y a instruirlos en la verdad que enseña nuestra religión». Tito 1:1

«Simón Pedro, siervo y apóstol de Jesucristo, a los que por la justicia de nuestro Dios y Salvador Jesucristo han alcanzado una fe tan preciosa como la nuestra». 2 Pedro 1:1

Los dos son destacados y conocidos apóstoles de Jesús. Para cuando escribieron estas cartas, sus nombres habían circulado por el mundo conocido. Por su intervención, muchas personas eran sanadas, demonios pasaban al exilio, el Evangelio corría como reguero de pólvora. Ninguno de los dos tiene miedo ni vergüenza de denominarse a sí mismo como apóstol de Jesús. Sin embargo, pueden diferenciar su título de su estilo de vida. Los dos no son solo ministros destacados del evangelio. Son esencialmente siervos. Si no me cuido de mí mismo puede que los títulos y nombramientos permanezcan en el tiempo, aun los dones sobrenaturales pueden seguir vigentes, pero puedo perder mi actitud de siervo; puedo llegar a terminar como aquellos que lo llamaban «¡Señor, Señor!», pero no hacían lo que él les decía (Lucas 6: 46). Si abandono la actitud de siervo, los dones, ministerios y puestos alcanzados se me pueden *subir a la cabeza,* y si llego, por alguna razón, a perder esas cosas que me destacan, es muy probable que muera de frustración. Si tengo un corazón de siervo, mi cimiento está en Jesús, no en lo que me destaca ante los ojos humanos.

El servicio es una práctica de amor que nos enseña humildad. Nos descentra. Nos hace levantar la mirada para observar no tan solo la necesidad propia sino la de mi semejante. Nos hace salir de la «ombligolatría». Alinea nuestro corazón, mente, alma y fuerzas con la voluntad de Dios. Un buen ejercicio consiste en observar a diario si has servido a alguien. Suelo preguntármelo a mí mismo y se lo suelo preguntar a mis hijos. Si ocupas un lugar de liderazgo pregúntate si hace mucho que no haces otra cosa que mandar y dar instrucciones. Siempre es bueno encontrar espacios donde rindes cuenta a alguien o te pones a las órdenes de otro.

El servicio es una experiencia que te acerca a Jesús. Ya citamos este versículo:

«Y los justos me preguntarán: 'Señor, ¿cuándo te vimos con hambre y te alimentamos, o sediento y te dimos de beber? ¿Cuándo te vimos forastero y te alojamos en casa, o desnudo y te vestimos? ¿Y cuándo te vimos enfermo o en prisión y te visitamos?'. Yo, el Rey, les responderé: 'Todo lo que hicieron a mis hermanos necesitados a mí me lo hicieron'». Mateo 25:37-40

El servicio es una puerta de enlace, un link para encontrarse con Jesús. Cada vez que sirves a un necesitado, sirves a Cristo. Cuando tu actitud solidaria y servicial te lleva a cruzar la mirada con quien está en necesidad, allí en los ojos de quien estás observando, está la mirada de Jesús.

Por todo esto, no solo es vital estudiar la teoría; será vital capacitarnos prácticamente.

- Reflexiona creativamente sobre cómo servir mejor a esta generación.
    - ¿Qué necesitan los chicos con los que trabajo?
    - ¿Qué temas son los que más les interesan?
    - ¿Cuáles son las necesidades concretas, propias de su edad?
    - ¿Qué necesitarían para progresar en la vida?
    - ¿Qué estrategias nuevas pueden implementarse para cubrir esas necesidades?
    - ¿Qué acciones podríamos implementar para desarrollar el discipulado integral del que hablábamos en el capítulo 1?

- Como equipo, observen todas esas necesidades y pregúntense en qué necesitan capacitarse. Consideren si encuentran esa capacitación dentro del equipo o si tendrán que salir a buscarla afuera.
- Los campamentos y retiros son un escenario genial para practicar la dinámica de servicio. Puedes generar la consciencia durante la preparación, para que todos reflexionen sobre lo importante de tener una actitud servicial, y luego asignar tareas de servicio para todo el equipo. No importa el puesto, el don o el ministerio que tengamos, todos participamos de la limpieza.
- Organiza brigadas solidarias y misioneras, vacaciones de servicio, salidas a evangelizar, jornadas de trabajos en la plaza del barrio o en la casa de alguna persona que necesite una mano. Genera participación en arreglos y refacciones en el edificio de la congregación. A la hora de terminar la actividad, propicia que todo el equipo y aun hasta los chicos colaboren con el orden del salón donde te reúnes.

4. LOS TIEMPOS EN LOS QUE VIVES

Tú, tu equipo y tus chicos aprendiendo sobre los tiempos en los que vivimos y sobre los conocimientos científicos que sumen a la comprensión de la vida, de las relaciones o de la fe. No se trata de convertirse en un investigador científico. No pretendemos que tengas un doctorado académico. Se trata de estar atento a conocimientos propios de este tiempo que puedan ser pertinentes para tu ministerio o para desenvolverte en la vida. Se trata de no despreciar aquello a lo que los programas de preguntas y repuestas llaman «cultura general».

Déjame darte un ejemplo contándote lo que me pareció oportuno responderle a aquel estudiante de séptimo grado en el campamento de la escuela (de paso cumplo con mi promesa de terminarte la anécdota).

La pregunta fue: «*Bueno, la pregunta del millón es... ¿es rico o no?*». Eso es lo que se llama una pregunta cerrada. Las respuestas posibles son tan solo dos: sí o no. De ninguna manera era conveniente que diera una contestación directa. Mi deseo era ayudarlos a pensar. Quería que hicieran sus propias consideraciones sobre el fundamento de que *todo me es lícito pero no todo me conviene*. Más allá de mi genuina carcajada y de mi satisfacción porque aquel chico no se guardara la pregunta, interiormente hice una oración flash y clamé a Dios por una respuesta sabia que fuera constructiva. Así fue que recordé alguna clase de biología de tercer año y devolví otra pregunta:

—¿Recuerdan el nombre que se le da al semen *y a la secreción vaginal en Biología?*

—*Sí* —me respondió uno de los más grandes—. *Fluidos corporales* —remató con aire académico.

—¿Conocen otros? —volví a preguntar.

—*Orina, sudor, lágrimas...* —citaron entre varios.

—¿Y saben qué es lo que determina su sabor?

—*Lo que comemos* —contestaron.

—*Exacto* —dije—. *En gran medida, el sabor está determinado por la alimentación. Si resulta rico o no, estará relacionado con lo que la pareja coma y por el particular gusto de cada uno.*

Yo no tengo una licenciatura en Biología ni mucho menos, y no se trata de eso, pero la cultura general te puede llegar a salvar. El saber no ocupa lugar y puede ayudar frente a preguntas o situaciones incómodas. Obviamente, habrá circunstancias en las que no sabremos qué contestar y no se trata de inventar una respuesta solo para quedar bien. Buscamos cultivar la humildad, más allá de todos los conocimientos que podamos acumular. No se trata de convertirnos en sabelotodos insufribles. En esos casos, se trata de aceptar nuestra ignorancia y darnos a la investigación, y con el acompañamiento apropiado, habilitársela a ellos también. ¡Aquí podemos sacarle el jugo a internet! Con los cuidados correspondientes, podemos hacer investigaciones que nos ayuden a seguir creciendo y nos brinden el capital necesario para ayudar a los chicos.

Tenemos que estar atentos a los cambios que se van produciendo en la cultura. Cuestiones que tienen que ver con modas, cambios de pensamientos, avances tecnológicos, noticias trascendentes, descubrimientos científicos relevantes, etc. Trabajaremos en el próximo capítulo sobre estas cuestiones.

Te propongo algunas ideas para que tú y tu equipo crezcan en la práctica de documentarse y capacitarse en diversos temas:

- Reunidos como equipo confiesen su ignorancia. Asuman aquello que no saben. ¿En qué temas les falta información? ¿Quién puede ayudarlos con esos temas? Una vez que sepan quién puede ser, invítenlo para una capacitación que al menos los introduzca en los temas que consideraron.
- Como equipo, realicen una investigación sobre noticias periodísticas que incluyan a preadolescentes.

Clasifíquenlas por temas, chequeen cuánto saben sobre los temas que abordan, busquen a quien pueda capacitarlos sobre esos temas y pídanle ayuda para brindarles, al menos, una introducción sobre el tema en cuestión.

- También puedes repartir los puntos del temario entre el equipo para que realicen una investigación y que luego hagan una presentación para el resto del staff.
- Suscríbete a portales o revistas de investigación que puedan sumar a tu cultura y formación ministerial.
- Considera tener un grupo de asesores en distintas disciplinas: Derecho, Psicología, Psiquiatría, Pediatría, Hebiatría (la rama de la Medicina que se dedica a los adolescentes) u otras ramas de la Medicina o del saber; personas a las que puedas consultar frente a cualquier desafío que los pre puedan proponerte.

En nuestro caso particular (el ministerio de preadolescentes, adolescentes y jóvenes de mi congregación), nos reunimos una vez por mes. El objetivo de ese encuentro es evaluar cómo va el ministerio, recibir capacitación y revisar nuestras estrategias en función de los contenidos en los que nos hemos capacitado. Creo que un ministerio serio de preadolescentes debería tener, al menos, un encuentro mensual de este tipo.

Anímate y desafía a tu equipo a crecer en sabiduría. Ser discípulos implica no querer dejar de nunca de aprender.

5
EL SECRETO SOCIOPSICO-NEUROLÓGICO

Los líderes que aman a los preadolescentes consideran los cambios mentales, físicos, emocionales, culturales y sociales en los que están inmersos los chicos.

Los padres de Riley se mudan de Minnesota a San Francisco. Al cambiar de ciudad también cambiaran decenas de cosas: casa, clima, rutinas, escuela, compañeros, etc. Luego de un primer día desagradable y de recibir la odiosa noticia de que el camión de mudanza se hará esperar por varios días, esta preadolescente tiene por delante el desafío de comenzar en un nuevo colegio. Su maestra la invitará a presentarse y ella lo vivirá con tal angustia que terminará por quebrarse delante de todos sus compañeros de clase.

EMOCIONALMENTE INTENSO

Riley es el personaje protagónico de *Intensamente*, un film animado de la productora Pixar que, personalmente, entiendo que todo líder de preadolescente debería ver. Ella tiene aproximadamente once años de edad. Un año más que mi hijo Franco en la época en que se estrenó la película. Casi la misma edad que Jesús olvidado en Jerusalén. La misma edad que muchos de los preadolescentes con los que trabajamos en nuestras congregaciones, de aquellos que forman parte de nuestra familia. Como Riley, todos ellos, aun cuando no se muden a otra ciudad, sufren un sinfín de cambios que sería torpe no tener en cuenta a la hora de acompañarlos.

La película, con asombrosa creatividad, muestra los distintos procesos (especialmente los psicológicos) por los que atraviesa Riley frente a las circunstancias que le tocan vivir. Claro que esos procesos psicológicos interactúan con construcciones mentales e interacciones sociales que atraviesan la vida de esta niña que se está volviendo adolescente. Los realizadores de *Intensamente* abordan con mucho ingenio la idea de lo que se ha dado a llamar las «emociones básicas». Algunos sostienen que éstas son cuatro y otros difieren afirmando que son seis. Los productores de Pixar se contentaron con personificar a cinco. Dejando afuera el *asombro*, nos muestran cómo interactuarán dentro de la mente de Riley la *alegría*, la *tristeza*, el *desagrado*, el *temor* y la *furia*. Como cada vez que usamos figuras para representar la realidad, no podemos esperar la perfección en cada representación. Sin embargo, *Intensamente*, reproduce una historia emotiva ayudándonos a pensar cómo las verdaderas emociones intervienen en los procesos mentales y psicológicos en el contexto de los sucesos sociales y culturales que experimentamos. Mientras la historia transcurre, aparecerán otros conceptos e ideas que dan cuenta de la manera en que nuestra psiquis se va desarrollando a través de mecanismos que se relacionan con nuestra biología (nuestro hardware) y con la información que proviene de nuestra interacción con el mundo exterior, la sociedad y la cultura (el software que da contenido y nos permite operar con la realidad).

NIÑOS ABDUCIDOS

La preadolescencia va a sorprenderte, especialmente si tu relación con ese chico proviene de cuando era niño. Si eres un o una joven que trabajas cada sábado o domingo con esta edad y aún no atravesaste por la experiencia de la paternidad, te animo a que seas más que comprensivo con los padres y madres que lo están experimentando. No creo que muchos padres te lo expliquen así, pero muchas veces algunos papás, entre los que me incluyo, vivimos una sensación similar a la que podríamos sentir si nuestros niños fueran abducidos por extraterrestres y, luego de uno o dos días, estos inescrupulosos alienígenas nos los devolvieran con cambios difíciles de digerir.

El deseo de ignorar esa situación y mantener el trato con el niño anterior al rapto parece ser la reacción más común. En líneas generales, los niños suelen ser más simples; algún «alien», de pronto, los vuelve más complejos. No quiero hacer un tratado de desarrollo de la niñez a la adolescencia, pero sí creo que líderes, docentes, padres y madres no deberíamos ignorar estas transformaciones que involucran todo el ser de nuestros chicos.

Obviamente que no podemos atribuir esos cambios a un ser de otro planeta pero creo que estamos en condiciones de afirmar que el Creador de todos los planetas algo tuvo que ver con todo esto. Quien hizo la complejidad de las galaxias es el mismo que construyó las complejidades de nuestro desarrollo.

Las transformaciones de la biología humana, como muchas otras, son impresionantes. Piensa en el desarrollo fetal: iniciamos siendo aún más pequeños que una semilla de mostaza, una pequeña esfera viscosa en el interior del útero de mamá, y en pocos meses somos un ser complejo compuestos por órganos y otros componentes que, a su vez, son tan complejos que, aun después de todos los años de historia y de todos los avances tecnológicos que hemos sabido concebir, muchos de ellos siguen presentándonos grandes misterios sin resolver.

Esa maravillosa metamorfosis continuará aún fuera del vientre materno. Ese asombro adulto de la tía lejana que, luego de no verte durante algunos meses o años, exclama con esa voz chillona: «¡Ay! ¡Qué grande que estás!», tiene lógica. Los cambios son asombrosos. El elemento que viene a jugar de manera aún más relevante a partir del nacimiento es que los cambios internos, propios del crecimiento como individuo, ahora dependen en gran manera del éxito o el fracaso que se tenga en la relación con el medio externo. Esto complejiza aún más el sistema. Todo ese mundo interno en constante crecimiento y expansión ya es complejo en sí mismo pero la cosa no queda en lo que pasa por dentro.

Para sobrevivir y vivir con dignidad, toda esa complejidad interna tendrá que abrirse paso en el tan o más complejo mundo exterior, que es donde se encuentran los recursos necesarios para que pueda darse ese crecimiento y esa expansión interna.

Salvando las diferencias, me permito usar la siguiente figura: el ser humano fue creado con un *hardware*, compuesto por nuestro cuerpo, nuestro físico, nuestra biología que, a diferencia de cualquier otra máquina, crece a través de complicados procesos orgánicos. Procesos orgánicos que necesitan del *combustible* que proveen la alimentación y la hidratación pero que además requerirán de un *software*, la información necesaria que alimenta el desarrollo de nuestros pensamientos y emociones, que nos proveen de los datos necesarios para operar exitosamente y seguir obteniendo más combustible vital y más información necesaria.

Para conseguir esos recursos deberemos interactuar con otros seres tan complejos como nosotros, entre los cuales podremos encontrar algunos que han sido muy exitosos en sus procesos de crecimiento y expansión, y otros a los que, lamentablemente, no les fue muy bien que digamos.

¿Te parece mucho? Bueno, aún nos falta considerar que ese mundo externo no solamente es inmensamente vasto en su extensión material sino que además existe un mundo espiritual que resulta aún más misterioso. Por todo esto, las últimas ideas que intentan definir al ser humano lo han considerado un ser *biopsicosocioespiritual*. Supongo que, luego de todo lo que hablamos, no esperabas algo más sencillo.

CAMBIOS COMBINADOS

Cada uno de estos aspectos que definen al ser humano atraviesa por distintos procesos de cambio hacia una etapa adulta. Cada uno vivirá su propio y particular proceso de transformación pero todos ellos interactuarán con cada uno de los otros. Por ejemplo: la transformación biológica que sufre un niño atravesará, por sí misma, por cambios impresionantes. Mi madre siempre me contaba acerca de un niño que, jugando, se golpeó la cabeza y quedó en estado vegetativo. Los profesionales y familiares de este pequeño lo vieron atravesar la pubertad con casi ninguna interacción con su medio. Durante todo ese tiempo y hasta el desenlace final, experimentó casi todos los cambios biológicos esperables como, por ejemplo, el crecimiento de su vello facial.

Sin embargo, en el común de los casos, los procesos biológicos no se darán de forma aislada; afectarán lo psicológico, lo social y lo espiritual y estos, a su vez, también influirán en lo biológico. Un ejemplo de esto último: en décadas pasadas, cuando mis padres y aun yo mismo fuimos adolescentes, los cambios biológicos en las chicas tenían una repercusión particular en un gran número de ellas. En una sociedad mucho más moralista que la de hoy en día, muchas niñas vivían muy avergonzadas el crecimiento de sus pechos. En algunos casos, de manera muy temprana, en una forma muy llamativa y en poco tiempo, una niña podía experimentar con mucha vergüenza el crecimiento de sus mamas.

Es decir, una instancia social influenciada por la cultura de la época, incidía en la psiquis de una niña que experimentaba un cambio biológico. Esa vergüenza en muchos casos implicaba que la chica tendiera a encorvarse para ocultar sus senos, lo que afectaba su desarrollo físico e incidía también, en algunos casos, en sus relaciones sociales, lo que por consecuencia también afectaba sus emociones. Es más, en algún porcentaje de casos, estas chicas no dejaban de vivirlo con culpa o con cuestionamientos para con Dios, lo que de alguna manera afectaba también su espiritualidad. Todo relacionándose con todo y afectándose mutuamente. Este es tan solo un ejemplo para observar lo que los chicos experimentan durante estos locos años en el marco de esta compleja instancia de desarrollo.

TEMBLOR HORMONAL

Cuando hablamos de pubertad nos referimos especialmente a los cambios biológicos. En todo niño sano suceden sin pedir permiso y no dando más avisos que un *ocurrimos y seguiremos ocurriendo*. Hoy en día, la señora pubertad puede desembarcar aun hasta en niños de ocho años. Las mejores teorías para explicar por qué se produce este despertar tan temprano encuentran más argumentos en situaciones socioculturales que en cuestiones biológicas. Los cambios más distintivos, que se dan de forma muy vertiginosa, pueden llegar a transcurrir a lo largo de cuatro a seis años, y tienen que ver con complicados procesos hormonales que se observarán especialmente en los caracteres sexuales de chicos. Todas estas transformaciones, entre otras cosas, terminarán por dejar listos, salvo en casos particulares, los aparatos genitales tanto en varones como en mujeres. Recordarás que elaborar estos cambios físicos no es para nada sencillo, por eso mientras las hormonas generan todo este temblor sísmico en glándulas y genitales, el cerebro hace procesos complicados que interactúan con el medio para poder procesar toda esta locura.

MANERAS DE PENSAR

Durante la infancia, a los niños les alcanza con dominar lo que se ha dado en llamar el «pensamiento concreto». Para ellos todo tiempo pasado es ayer; haya ocurrido la mañana anterior o haya acontecido hace un mes, todo pasó ayer. Su cerebro los ayuda a procesar la información de una manera concreta, lo suficiente como para que los padres puedan entenderlos. La biología humana requiere del cuidado del adulto como casi ninguna otra especie.

El estado de indefensión en el que nacen las crías humanas necesita del especial y prolongado cuidado de los adultos. De allí que la influencia de padres, madres y otros mayores, sea tan importante en la formación de los niños. La responsabilidad es enorme.

Esos cuidados hacen que el niño no necesite hacer mayores relaciones deductivas o preventivas, propias del pensamiento abstracto que no requiere de los sentidos para poder procesar. En esta primera instancia, por ejemplo, alcanzará con llorar para que el pezón del pecho materno llegue a la boca, y si no llega será cuestión de llorar más fuerte. En esa etapa inicial todo el mundo se procesa por lo que se mueve y se siente. En los primeros dos años de vida a nuestro cerebro le bastará con eso. Luego, la experiencia lo seguirá llevando por el sendero de lo concreto, pero comenzando a hacer conclusiones un poco más complejas. Conclusiones difíciles de hacer si no se recibe los cuidados emocionales necesarios y se llena adecuadamente el tanque de combustible a través de la alimentación y la hidratación.

CUANDO LA PREADOLESCENCIA LLEGA, LAS HORMONAS POR DENTRO Y EL MUNDO DE RELACIONES POR FUERA COMPLICAN TANTO LAS COSAS QUE EL CEREBRO NECESITA ACTUALIZACIONES NOVEDOSAS PARA PODER ENCARAR CON ÉXITO LA VIDA.

Poco a poco el cerebro comienza a ayudarlo a procesar información concreta. Por ejemplo, recuerdo que cuando mi hija Paz tenía tres años, le alcanzaba para procesar que si escribía en la pared tendría una madre enojada. Esto era algo que le costaba entender porque su mami escribía en los azulejos de la cocina frases o información relevante para la administración del hogar. A ella se le complicaba entender esta difícil abstracción de que la mamá lo hacía sobre una superficie lavable y con una fibra borrable que permitia manejar consecuencias más amigables con el orden y la limpieza y por eso la miraba extrañada cuando esta le desaprobaba su conducta.

Sin embargo, aun sin entender complejos conceptos abstractos, poco a poco, Paz llegó a esta conclusión concreta: *«Si no quiero a mamá molesta y disconforme conmigo, será mejor que escriba en un papel que ella me dé».* Esto hacía que cuando el padre, es decir este mortal, entraba en escena, ella me mostrara su obra de arte no sin dejar de hacerme notar sus avances en cuanto a conductas sociales se refiere: «¿Viste papá *que dibujé en un papel que me dio mamá? ¿Viste que le hice caso?».* Ella no entendía bien por qué ocurría esto pero sabía algo concreto: que su padre se mostraría feliz y que le regalaría una sonrisa enorme y un beso que la harían sentir aprobada, y que esos movimientos y sensaciones la harían sentir muy bien. Cada día las reglas del juego le resultaron más claras y poco a poco se volvió una jugadora experta.

El mundo de los niños parece simple y, de alguna manera, lo es hasta que las hormonas hacen lo suyo. Cuando la preadolescencia llega, las hormonas por dentro y el mundo de relaciones por fuera complican tanto las cosas que el cerebro necesita actualizaciones novedosas para poder encarar con éxito la vida.

Los niños son principiantes en este juego y en este nivel el pensamiento abstracto solo se encuentra en ínfimos destellos. Unos casilleros más adelante, los preadolescentes ya tienen otros recursos y herramientas; manejan explicaciones y argumentos novedosos que los equipan un poco mejor para encarar el mundo y su cotidianeidad. No son expertos deductivos. Aún les cuesta dominar el mundo del pensamiento abstracto. Sin embargo, entre sus procesos de transformación biológica y el software con el que se van actualizando, comienzan a hacer sorprendentes lecturas abstractas con asombrosa habilidad. Todo esto no es para nada sencillo.

En *Intensamente*, promediando la película, Riley tendrá que enfrentar la soledad. Esta es una circunstancia concreta, pero manejar el concepto de *soledad*, importantísimo para poder elaborar correctamente la experiencia, requiere avanzar por los caminos del pensamiento abstracto. Entonces su alegría y su tristeza tendrán que atravesar por un atajo que le permitirá simplificar esos cálculos y alcanzar el tren del pensamiento pero que, por lo novedoso, no será sencillo de recorrer. Como consecuencia, el miedo a lo desconocido será todo un obstáculo a salvar. Obviamente, si viste la película entenderás aún mejor de lo que te estoy hablando.

Adelante de los niños y de los preadolescentes, avanzando algunos casilleros más, se encuentran los adolescentes. Ellos recorren los laberintos del pensamiento abstracto con un desparpajo inquietante. Por momentos son temerarios, irrespetuosos. Ya han atravesado innumerables veces por ese atajo que los preadolescentes recién han descubierto. Desarman y vuelven a armar conceptos, ideas, planteos y deducciones. Desarrollan la capacidad de simbolizar, sintetizar, comparar y hacer hipótesis, trasladando conclusiones para entender otras situaciones o experiencias similares.

Muchas veces, al igual que Riley, viven con profunda frustración el resultado de algunas de esas conclusiones, y es aquí donde el auxilio de los adultos que los aman, y sus propias experiencias con el Espíritu de Dios, llegan para brindarles contención y saludable compañía para crecer en el entendimiento de la realidad. La comprensión de este complejo proceso resulta fundamental para poder acompañarlos con amor. Es la sabiduría sumando al amor para generar mayor conexión. Mejor comunicación, mejor vínculo, mejor aprendizaje, más salud.

El querido Mark Oestreicher, en su libro *Entiende a tu preadolescente*, explica con mayor detalle este fenómeno del pasaje del pensamiento concreto al abstracto. Déjame recomendarte que te informes sobre esta instancia. Considera que trabajas precisamente con los protagonistas de estos dramáticos cambios y, si quieres acompañarlos bien, deberás crecer en la compresión de este fenómeno. Recuerda lo que trabajamos en el capítulo anterior sobre capacitarnos para servir mejor.

LA EXIGENCIA DE LA SUPERVIVENCIA

Ahora bien, seguramente habrás notado cómo los cambios físicos, mentales y psicológicos no pueden desconectarse de los elementos sociales como, por ejemplo, el cuidado familiar. Cuando esto último está ausente o es deficiente, las consecuencias pueden llegar a ser muy duras. En los primeros años de vida ese descuido puede ser mortal o derivar en serios trastornos. El transcurrir de los años mejorará algunas condiciones, pero aun así el descuido casi siempre derivará en niños que terminan convirtiéndose en sobrevivientes. Para esto, es muy probable que lleguen a utilizar muchos instrumentos propios del pensamiento.

Una vez charlaba con una chica de trece años. No podía salir de mi asombro sobre lo bien que podía explicarme el caos de su hogar y los efectos nefastos de la inmadurez de sus papás. Creo que con un mínimo entrenamiento ella podría haber dado un simposio para padres. Su cerebro la dotó de métodos de procesamiento abstractos que le permitieron sobrevivir. Sin embargo, esto no la libró de las consecuencias del descuido o el desamparo porque sus emociones heridas trajeron serias repercusiones sobre su conducta y sus relaciones. No fue otra cosa que su relación con Cristo, y con otros seres que la amaron desinteresadamente, lo que permitió que su espíritu, reconciliándose con el Espíritu de Dios, la ayudara a sanar y a proyectarse en la vida con fe y esperanza. Otra vez: todo relacionándose con todo y afectándose mutuamente.

EN CONSTRUCCIÓN

Lo que los últimos avances tecnológicos han aportado a las neurociencias es importante de considerar. Gracias a herramientas como la tomografía computada hoy podemos observar en pantalla, en vivo y en directo, cómo distintos estímulos afectan diferentes áreas de nuestro cerebro. Los descubrimientos de los últimos años nos han aportado datos con los que no contábamos hasta ahora. Creíamos que el hardware de nuestro cerebro ya estaba todo disponible para que lo llenáramos del software necesario para sacarle el mayor provecho, pero ¡atención!: ahora sabemos que no solo tendremos que darle importancia a la información que le brindamos a nuestros chicos. No solo es necesario actualizar el software: tendremos que considerar que nuestra biología sigue haciendo transformaciones hasta, aproximadamente, los veinticinco años de edad. Hasta ese momento necesitamos tener en cuenta que, físicamente, algunas partes del cerebro humano aún continúan desarrollándose. Ese es, por ejemplo, el caso del lóbulo frontal del cerebro, donde se procesa la información que se relaciona con la planificación, el orden, el control, el análisis. Muchas veces hemos observado cómo los preadolescentes y adolescentes tienen dificultades con esas funciones.

Hasta aquí considerábamos que esto estaba relacionado tan solo con alguna falta de información o un entrenamiento deficiente. Hoy también sabemos que a esa edad aún no están dadas las mejores condiciones biológicas para que puedan operar con eficiencia en ese tipo de acciones. No tiene tan solo que ver con que aún no hayan bajado algún «programa» o que algún «virus» se haya filtrado.

Nuestra biología, en esta etapa de la vida, no solo se dedica a estirar un fémur o hacer crecer vello en lugares donde todavía no crecía, sino que también trabaja en reformas en la azotea. Si alguna vez te enojaste con un preadolescente y le hiciste una pregunta como esta: «¿Qué tienes en el coco?», ahora estamos en condiciones de afirmar que, muchas veces, no se trata de lo que tiene sino de lo que le falta. Si alguna vez te molestaste con un chico de esa edad y pensaste: ¿le falla la cabeza?, en un gran número de casos, la respuesta correcta sería no. No siempre estará relacionado con una falla. Esa conducta que observas tiene mucho que ver con secciones del cerebro que aún se encuentran en desarrollo.

Si le pido a un niño que analice una oración y la separe en sujeto y predicado, no podrá hacerlo. No se trata de una falla, se encuentra en un proceso de crecimiento. Ya sabemos que esto no está relacionado únicamente con información que todavía no le hemos brindado. Ahora sabemos que algo similar sucede con los preadolescente y adolescentes y el orden de sus habitaciones. Hoy tenemos los datos necesarios para entender que no solo es un problema de crianza deficiente o de mala educación, sino que sus cerebros todavía tienen limitaciones estructurales para asimilar la necesidad de orden.

Algún observador ingenuo, luego de este análisis podría afirmar: ¡Sobrevivamos a estos seres hasta que terminen de crecer! Pero la expresión no se ajustaría a realidad. No estaría considerando el valor de las interacciones. Otra vez: si aceitamos la comunicación y les ofrecemos vínculos sanos, esa interacción dará como fruto el aprendizaje necesario para vivir saludablemente. El amor, los límites y la enseñanza de principios y valores generan condiciones favorables para que el cerebro, poco a poco, se desarrolle debidamente y de paso, vaya adquiriendo la información necesaria para que sus cuartos puedan estar, al menos, un poco más organizados.

Estos datos deberían ayudarnos a comprender mejor la situación en la que se encuentran nuestros preadolescentes. Nos generan mejores posibilidades para brindarles la compañía que necesitan. Será todavía mejor si podemos ayudarlos a que, en medio de todos estos procesos de transformación, puedan poner al Espíritu de Dios en el lugar que le corresponde. Lo mejor que podemos hacer por los chicos de esta edad es ayudarlos a que tomen la misma decisión que Jesús tomó cuando tenía su edad: considerar los negocios del Padre como su primera necesidad.

> LO MEJOR QUE PODEMOS HACER POR LOS PREADOLESCENTES ES AYUDARLOS A CONSIDERAR LOS NEGOCIOS DEL PADRE COMO SU PRIMERA NECESIDAD.

NUEVOS CIRCUITOS

Una mayor comprensión de las dinámicas de transformación propias de esta edad nos ayuda a ser más comprensivos con la realidad de los chicos con los que podemos llegar a trabajar. Por eso te recomiendo que no te quedes con lo que aquí podemos llegar a desarrollar y, sin sentirte obligado a convertirte en un experto, busques más información de la que estamos aportándote.

Déjame abordar algunas cuestiones más que he podido investigar sobre el funcionamiento cerebral de los pre: en esta nueva etapa, el cerebro crea nuevos circuitos que les permiten tomar decisiones a partir de una nueva capacidad de análisis. Hasta aquí llevaba varios años trabajando en construir los medios necesarios para percibir el mundo circundante y adquirir, a través de los sentidos y los movimientos, las herramientas para entender el medio que lo rodea y poder interactuar con él. Las neurociencias nos han dejado ver el proceso estructural; nos han permitido echarle un vistazo a lo que pasa en nuestro hardware para observar lo que sucede en relación a lo que ya habíamos comprendido, a través de la experiencia, sobre la transición del pensamiento concreto al abstracto.

NEURONAS Y DOPAMINA

Nuestra estructura cerebral se encuentra interconectada por millones de neuronas. Muchas, muchas neuronas, que al conectarse unas con otras, forman redes neuronales. Las neuronas son células que tienen como función recepcionar estímulos y transmitirlos a través de impulsos nerviosos (de una forma similar a la que un cable puede transportar energía eléctrica o información). A través de una conexión química denominada sinapsis una neurona emisora hace enlace con otra receptora. Cada una de estas células posee en su interior una carga genética. Es decir que cada neurona almacena abundante información que proviene de los más recónditos rincones de nuestro árbol genealógico.

Estas conexiones dan origen al mecanismo elemental para la formación de la memoria a corto y largo plazo, es decir que conforman la estructura cerebral que nos permite avanzar por los procesos de aprendizaje. Mientras el lóbulo frontal sigue desarrollándose, haciendo novedosas conexiones neuronales para darnos mejores herramientas para analizar, prever y tomar decisiones que controlen nuestro comportamiento, otra parte del cerebro preadolescente (y del adolescente también) juega un papel importantísimo para tener en cuenta.

El sistema límbico, la zona de nuestro cerebro que procesa las emociones y las recompensas, nos ofrece todo un desafío para ayudar a nuestros chicos en su proceso de maduración. Cada vez que nuestras neuronas recepcionan un estímulo proveniente del mundo exterior que, ya sea por la información genética o por el aprendizaje obtenido a partir de una experiencia anterior, se percibe como satisfactorio, el sistema límbico nos regala un sabroso baño de dopamina que inunda nuestro cerebro con una sensación placentera. Enamorarse, la satisfacción de un deseo, una experiencia mística, un triunfo, una sensación agradable captada por cualquiera de nuestros sentidos... toda situación que describiríamos como *pasarla bien*, va a propiciar que el sistema límbico nos recompense con una descarga de dopamina. De hecho, este neurotransmisor resulta muy observable en personas con conductas adictivas. La dopamina es una sustancia química que se reconoce entre los tantos otros neurotransmisores que participan en las sinapsis, es decir, en las conexiones que se generan entre una neurona y otra. El sistema límbico se puede observar mucho más activo en los cerebros de adolescentes y preadolescentes que en un cerebro adulto.

Así que esa es la situación dentro del cráneo de los chicos con los que trabajas. El lóbulo frontal está en formación; aún se está desarrollando el hardware necesario para operar desde el análisis, el orden y el control, y a eso se suman estos reiterados baños cool de dopamina fluyendo por su cerebro. Supongo que te será sencillo llegar al resultado de la ecuación: resultará más que fácil observar a nuestros preadolescentes en conductas de esas a las que solemos llamar descontroladas.

SENDEROS EN LA PRADERA

Una conexión neuronal bien podría asemejarse a un sendero marcado en medio de una pradera. Puedes identificarlo como un trazo entre las hierbas que crecen sobre la extensión. Algún día alguien eligió ese pasaje porque lo consideró apropiado, y a partir de esa primera experiencia lo volvió a atravesar periódicamente, repetidas veces. Con cada recorrido se fue volviendo cada vez más fácil atravesar la pradera. El roce fue eliminando el pasto permitiendo que la tierra quedara a la vista y que en algunos casos hasta se formara un surco. Es como si el cable de conexión fuera ensanchándose cada vez más, volviéndose más firme y más difícil de cortar. Las sinapsis, que provocan estas conexiones neuronales, esos senderos que recorren nuestra pradera cerebral, producen los enlaces químicos que potencian nuestra acción y derivan en determinadas conductas. Detrás de todo hábito y de todo patrón de conducta existe una poderosa conexión neuronal. Un claro y marcado sendero en la pradera. Mientras las neurociencias nos brindan estos aportes, la psicología social afirma que el ser humano es un ser de necesidad. Nuestra conducta está en gran manera determinada por nuestro deseo de satisfacer algo que percibimos como necesario. Observa que no dije *que sea necesario* sino *que percibimos como necesario.*

Basta con que tu cerebro perciba algo como una auténtica necesidad, para que diseñe una conducta que produzca la satisfacción esperada. Así que, explicado de una manera muy simplificada, una neurona recepcionará el estímulo de una necesidad a partir de lo que la carga genética o la experiencia acumulada le indique y, a través de pulsos nerviosos, hará un enlace con otra neurona receptora. Así nuestro cerebro genera el respaldo para accionar una conducta. Si la experiencia resulta satisfactoria entonces el sistema límbico nos regalará una descarga de dopamina y el enlace se establecerá, dejando el sendero marcado para cuando la necesidad vuelva a manifestarse.

Ese sendero se recorrerá tantas veces como el cerebro lo considere satisfactorio hasta que la muerte nos desconecte o hasta que, por algún otro aprendizaje, descubra que existe un mejor camino y determine que, por alguna razón ligada a su necesidad, es posible considerar otra estrategia. Entonces se realizará otra conexión neuronal que ya veremos si llega a formar un surco tan marcado como el que trazó el sendero anterior. Insisto que estoy desarrollando una explicación súper sintética, casi una caricatura, un boceto a mano alzada en una servilleta. Estoy dejando afuera decenas de otros elementos y posibles situaciones que podrían darse. A partir de esta explicación elemental espero regalarte algún dato más para comprender las conductas de los chicos. Espero que puedas observar cómo los elementos biológicos, psicológicos, sociales y espirituales interactúan en los procesos de aprendizaje de los niños, preadolescentes, adolescentes y jóvenes.

ENTRE ESTÍMULOS Y CONEXIONES NEURONALES

Déjame regalarte un ejemplo que puede ayudarnos a pensar en esta mecánica. Hace algunos años estábamos en un retiro del equipo de trabajo del ministerio juvenil de mi congregación. Una vez al año nos reunimos en algún lugar para evaluar y planificar. El viernes a la noche está destinado a las relaciones y a la recreación. Alguien propuso un juego de naipes en el que pueden intervenir muchas personas, así que todos estaban listos para participar. Es un juego que nos divierte mucho a todos. Yo estaba con mi familia. Mi hijo Franco, que en ese momento era un preadolescente, estaba con su tableta digital, concentrado en alguna de sus opciones recreativas. Los videojuegos que la industria lanza al mercado son una maravillosa manera de disipar el aburrimiento en milésimas de segundos y a muy bajo costo energético. Es notable observar cómo la industria del entretenimiento llevó al aburrimiento de ser combustible para la creatividad, a convertirse en un trampolín al consumo. El aburrimiento es un estímulo que se presenta ante nosotros como una necesidad a cubrir, y nuestras neuronas saben identificarlo. Enseguida todo se dispone para encontrar la conexión neuronal más indicada para disponer de la conducta más efectiva para satisfacer esa necesidad. Hubo un día donde Franco se encontró con la tableta y otro en el que se encontró con ese juego que tanto le gusta. El sinfín de estímulos visuales y auditivos le ofrecieron la satisfacción deseada y el sistema límbico inundó su cerebro de «deliciosa» dopamina.

Hubo fiesta en su cabeza, una sinapsis nueva tuvo lugar aquel día y una conexión neuronal comenzó a tomar una forma cada vez más robusta. Un sendero en la pradera se trazó y con el tiempo se volvió el elegido cada vez que se percibió la necesidad. Por decirlo de alguna manera, su cerebro pide más satisfacción, desea ese dulce baño dopamínico. Se escucha una voz repitiendo como un eco: «Hazlo otra vez, hazlo otra vez, llévame una vez más por ese sendero bonito...». Como el cerebro tiende a ahorrar energía no percibe la necesidad de buscar otras opciones, excepto que la tableta desaparezca. Entonces habrá un alto nivel de frustración que, si es elaborada correctamente, podrá dar lugar al diseño del trazado de un nuevo sendero, frente a la necesidad de resolver la insatisfacción por otro medio.

Algo así ocurrió esa noche. Claro que para que eso sucediera tuvo que existir un padre malvado que hizo desaparecer la tableta. Al final, la frustración pudo elaborarse a regañadientes y Franco pudo sumarse al juego que el grupo proponía. Eso lo llevó a una experiencia lúdica distinta, enriquecida por la interacción con otros seres humanos de carne y hueso. Enseguida fue protagonista. Participó activamente y el aburrimiento se fue desvaneciendo. Los éxitos, los elogios y las risas compartidas dejaron satisfecho a su sistema límbico y este dio como contraprestación su recompensa de dopamina. Otra conexión neuronal tuvo lugar, un nuevo aprendizaje, y luego, cada vez que se presentaba la posibilidad de participar de este juego, no necesité hacer desaparecer la tableta. Franco saltaba deseoso de participar.

NUEVOS EJERCICIOS CEREBRALES

La anécdota de Franco y su tableta digital nos empuja a introducir un elemento más a los cambios que nuestros chicos viven. Las modificaciones que se introducen a través de la cultura tienen un efecto contundente sobre nuestras maneras de pensar. Quizás, entre los últimos cambios, exista uno en especial que sobresale entre aquellos que se destacan. Los avances tecnológicos han hecho cambios poderosos en nuestras maneras de percibir el mundo y de interactuar con él. La era digital no solo ha cambiado muchas conductas y costumbres de nuestra sociedad.

Es llamativo observar las mesas de los bares con tres o cuatro personas con los ojos clavados en sus celulares, o descubrir que aquella escena emblemática de *Los Simpson* donde la familia enajenada se reúne absorta frente al televisor, ha quedado fuera de moda. Los dispositivos móviles han llegado a la mano de cada integrante de la familia, y hoy cuesta muchísimo encontrar una programación que reúna a Homero y a Bart frente a la misma pantalla. Es muy común que una familia pueda convivir bajo en el mismo techo, con cada uno de sus integrantes siguiendo una programación diferente, desde cada uno de sus dispositivos móviles personales. Cada uno mirando y escuchando lo que le interesa, lo que le quita el aburrimiento, a la hora que lo desea, durante todo el tiempo que se le ocurra. Esos cambios en el consumo no solo cambian la información que recibimos, sino que promueven transformaciones en la manera en que nos acercamos a la vida.

Cuando yo era niño solo había dos programas por cada uno de los cuatro canales a los que tenía acceso en un televisor al que había que darle vuelta a una enorme perilla para sintonizarlo. Un programa era a la tarde y el otro a la mañana. Siempre debía resignarme a esos dos programas, a respetar sus horarios, y luego saber que el televisor era propiedad exclusiva de los gustos de mi mamá y de mi papá, además de saber entender que las publicidades eran ineludibles y que debía tener paciencia para esperar que el espacio publicitario concluyera para seguir viendo lo que deseaba.

La realidad de mis hijos es completamente distinta. Ninguno de ellos está obligado a consumir lo que consumen sus padres. Ni siquiera lo que consume el otro hermano o hermana. Existe programación a su medida las veinticuatro horas del día, los trescientos sesenta y cinco días del año y las plataformas digitales de series, películas, documentales, etc., han dejado afuera la interrupción de las publicidades. Así, nuestro cerebro no solo recibe información sino también entrenamiento. Estos ejercicios que proveen los dispositivos y las pantallas entrenan a nuestro cerebro en las funciones referidas al procesamiento de la información por medio de las imágenes y de la creatividad. Las zonas del cerebro que tratan con estos estímulos se fortalecen como un músculo muy ejercitado, mientras que las que tratan con argumentos filosóficos y conceptuales se desarrollan en una proporción mucho menor.

Obviamente, cuando desde la iglesia o la escuela priorizamos el discurso o el sermón como instrumento pedagógico privilegiado, nos encontramos con una generación desconectada. No podemos dejar de considerar que los recursos tecnológicos han venido para quedarse y formar parte de nuestra vida. Mucho más aún para las nuevas generaciones a las que denominamos nativos digitales. Entiendo que esta realidad debería hacernos revisar nuestras estrategias. Algo de esto ya hemos hablado y continuaremos haciéndolo en los capítulos que vienen.

SINAPSIS CELESTIALES

Es llamativo observar que mientras todos estos novedosos descubrimientos aparecen en los círculos científicos, el doctor Lucas nos dejaba datos precisos sobre cómo estas transformaciones biopsicosocioespirituales se manifestaban en el Jesús preadolescente, allá en aquellos días donde dejaba en claro su decisión de meterse de lleno en los negocios del Padre:

«Entonces Jesús volvió con sus padres a Nazaret y los obedecía en todo. Pero su madre guardaba todas estas cosas en el corazón. Jesús seguía creciendo en sabiduría y estatura, y gozaba más y más del favor de Dios y de la gente». Lucas 2:51-52

¿Pensaste que no iba a citar ningún versículo en este capítulo? De ninguna manera... y tengo un par más reservados para el final.

Crianza, educación y discipulado tienen el desafío de acompañar este proceso. No podemos entrar en sus cabezas y

LAS NEUROCIENCIAS VIENEN A DESCUBRIR QUE LAS ESTRUCTURAS DE NUESTRO CEREBRO NO SON TAN RÍGIDAS COMO PARA ATRAPARNOS EN MOLDES APRENDIDOS POR SISTEMAS DE MEDIOCRIDAD.

cambiar el cableado. No sería honesto trazar los senderos por ellos. No podemos adueñarnos de su pradera cerebral. No nos pertenece. Nuestro desafío es ayudarlos a pensar, no pensar por ellos. Es importante brindarles la contención, el respaldo, la conexión emocional y el estímulo intelectual que los potencie para el cambio positivo, que los ayude a alcanzar la vida adulta como un salto superador a la aventura y no con la resignación, frente a una triste decadencia. El cambio es posible. A los neurocientíficos les gusta llamarlo neuroplasticidad: la posibilidad de trazar nuevos senderos en el pasto; mejores senderos que nos ayuden a obtener mejores resultados. Las conexiones neuronales tienden a ser rudimentarias, nuestro cerebro prefiere naturalmente la pereza. Le basta con la supervivencia. Una vez que traza un sendero, la tendencia natural no será buscar otros nuevos... elegirá el modo automático que le permite economizar energía. Pero no estamos obligados a quedar sujetos a la pereza de nuestro hardware. No tenemos por qué amoldarnos a estructuras mentales rígidas. Mira cómo lo dice el apóstol Pablo.

«No se amolden a la conducta de este mundo; al contrario, sean personas diferentes en cuanto a su conducta y forma de pensar. Así aprenderán lo que Dios quiere, lo que es bueno, agradable y perfecto». Romanos 12:2

Las neurociencias vienen a descubrir que las estructuras de nuestro cerebro no son tan rígidas como para atraparnos en moldes aprendidos por sistemas de mediocridad... ¡Ups! Parece que Pablo ya lo tenía claro. Existe esperanza para cualquier cerebro, aun para el de los adultos y ¡cuánto más para los preadolescentes con los que trabajas! Nuestra mente puede ser renovada. Eso requiere de energía, necesita que le pongamos ganas al aprendizaje, pero es posible. Podemos reescribir nuestros senderos, recablear nuestras conexiones. Podemos permitir que el Espíritu de Dios disponga de las enseñanzas del Maestro para hacer novedosas sinapsis que nos lleven a dejar de ser supervivientes rasos y nos trasladen a la experiencia de la vida en abundancia. Las enseñanzas de Jesús trazan senderos a la verdad que te hace auténticamente libre. De hecho, todas las ideas que te regalamos en el capítulo 1 acerca del discipulado integral, pueden verse desde aquí como estimuladores neuronales.

PABLO, JUAN Y LA NEUROPLASTICIDAD

Alguna vez escuché la macabra historia de cómo cazadores inescrupulosos atrapaban a los osos polares para obtener su piel: clavan un cuchillo en el hielo, con un pedazo congelado de carne adobada con distintas especias. Los osos son atraídos por la necesidad de satisfacer su apetito y lamen y mordisquean y luchan con el delicioso pedazo de carne hasta que su lengua queda adormecida por el frío. Así no sienten el corte del cuchillo, y no perciben cómo la pérdida de sangre va apagando su vida. Perdón por lo desagradable de la historia, pero creo que sirve para que observemos que nuestro cerebro y nuestras percepciones pueden ser engañadas por poderosos y atractivos estímulos; aquellos que generan fuertes lazos neuronales pero que pueden dejarnos más cerca del robo, la muerte y la destrucción que de la vida en abundancia (Juan. 10:10). Podemos trazar senderos en nuestra pradera que, aun regalándonos altas dosis de dopamina, pueden llevarnos a tomar decisiones perjudiciales para nuestra vida. Por eso Juan nos ayuda a pensar acerca de dónde enfocar nuestro amor:

«No amen al mundo ni lo que hay en él. El que ama al mundo no ama al Padre, porque nada de lo que hay en el mundo —las pasiones sexuales, el deseo de poseer todo lo que agrada y el orgullo de poseer riquezas— proviene del Padre sino del mundo. Y el mundo se está acabando y con él todos sus malos deseos. Pero el que hace la voluntad de Dios permanece para siempre». 1 Juan 2:15-17

Déjame decírtelo así: no podemos dejar a nuestro sistema límbico dirigir nuestra vida, por más tibios que nos resulten sus baños de dopamina. Por eso es importante que nuestro lóbulo frontal se desarrolle apropiadamente enriqueciendo las funciones que nos permiten analizar, organizar, ordenar y planear adecuadamente para tomar decisiones sabias. Podemos equipar a nuestro cerebro para que haga mejores conexiones neuronales. A lo que dijo Juan, sumémosle lo que dice Pablo:

«Por lo tanto, amados hermanos, no están obligados a hacer lo que su naturaleza pecaminosa los incita a hacer; pues, si viven obedeciéndola, morirán; pero si mediante el poder del Espíritu hacen morir las acciones de la naturaleza pecaminosa, vivirán. Pues todos los que son guiados por el Espíritu de Dios son hijos de Dios. Y ustedes no han recibido un espíritu

que los esclavice al miedo. En cambio, recibieron el Espíritu de Dios cuando él los adoptó como sus propios hijos. Ahora lo llamamos «Abba, Padre»». Romanos 8:12-15 (NTV)

Este es un llamado a enfocarnos correctamente. Pero quiero hacerte notar lo que dice el versículo 13. Elegí esta versión porque, al igual que la RVR1960, utiliza la expresión *hacen morir.* Las conexiones neuronales no pueden desconectarse de un día para el otro. Puedes descubrir que esa conexión te va terminar matando; puedes descubrir que ese sendero marcado en el pasto te lleva a un lugar equivocado pero es muy difícil borrarlo de inmediato. Humanamente hablando, no existe tijera para cortar una conexión neuronal. Por eso, para nosotros el consejo es que busquemos nuevos caminos con la guía del Espíritu Santo, ese que nos hace llamar a Dios *papito querido* (vs. 14 y 15). Nuevos senderos que nos permitan caminar otros recorridos para permanecer en ellos con constancia. Así, pronto verás cómo esa conducta es más sencilla de elegir. El surco se profundizará, la conexión se engrosará. Y mientras tanto, casi sin darte cuenta, el pasto volverá a crecer en ese sendero que ya no utilizas. El cerebro estará más resistente a volver a recorrerlo. Matarlo es algo difícil, dejarlo morir es neuronalmente posible. Se ajusta a lo que sabemos sobre la neuroplasticidad. Por eso, el desafío es a enfocarnos en hacer nuevas sinapsis, más que cortar una conexión neuronal.

«Y la paz de Dios, esa paz que nadie puede comprender, cuidará sus corazones y pensamientos en Cristo. Por último, hermanos, piensen en todo lo que es verdadero, todo lo que es respetable, todo lo justo, todo lo puro, todo lo amable,

todo lo que es digno de admiración; piensen en todo lo que se reconoce como virtud o que merezca elogio. Practiquen lo que han aprendido, recibido y oído de mí, y lo que han visto en mí. Y obrando así, el Dios de paz estará con ustedes». Filipenses 4:7-9

Nuevas conexiones neuronales en el contexto de la relación con Cristo y de vínculos sanos que nos ayuden en los procesos de aprendizaje. Nuestro desafío para con las nuevas generaciones consiste en vivir en la paz de Dios para contagiarla mientras los acompañamos en estos procesos de transformación. Ayudándolos a pensar, a realizar conexiones dentro y fuera de su cerebro que promuevan la vida y los potencien para vivirla de manera abundante. Acercándolos a Jesús y su paz. Nada cuidará mejor de sus emociones y pensamientos.

En medio de tanto cambio, desafiados a dejarse transformar por el Espíritu de Dios, será importante generarles la oportunidad de encontrar terreno sólido donde sujetarse a la vida. ¿De dónde podrán aferrarse viviendo semejante temblor?

«Tres virtudes hay que ahora permanecen: la fe, la esperanza y el amor. Pero la más excelente de ellas es el amor». 1 Corintios 13:13

¿Dónde queda el refugio antisísmico en medio de tanto lío y tantas expectativas de cambio? ¿Cómo ayudamos a esta generación sacudida por sus propias transformaciones y exigida por los cambios que sus adultos les piden? Creo que Pablo nos tira una soga firme de la cual sujetarnos. En medio de tantas cosas cambiantes podemos promover aquello que permanece: la fe, la esperanza y el amor, no solo de palabra sino con nuestros hechos y acciones. Con nuestro abrazo, nuestro oído atento, abriendo espacios de diálogo y reflexión. Construyendo refugios donde a pesar de todo, dejando afuera el juicio y la condena, regalemos gracia y compasión, contención e instrucción. Animando a la fe, generando esperanza, brindando amor. Precisamente sobre esto pensaremos en el capítulo que viene.

6
EL SECRETO DEL LUGAR SEGURO PROPIO

En medio de tantos cambios y exigencias, se vuelve necesario generar un espacio que resulte propio para los chicos, un refugio relacional que los contenga y potencie.

L.A.GR.AM. (Liderazgo y Adolescencia, Grupo de Amigos) produce dos series de campamentos para preadolescentes y adolescentes al año. Un número importante de chicos, cuando termina el campamento de verano, ya está pensando cómo inscribirse en el de invierno. Unos meses antes se abre la inscripción online y algunas madres están esperando el minuto cero de la apertura, sentadas delante de sus computadoras, para que sus hijos no queden fuera del cupo. No exagero. Puedo darte el nombre de esas mujeres. Se han desatado importantes conflictos familiares porque los padres no han cumplido con los requisitos administrativos y sus hijos se quedaron sin lugar. No es mi intención jactarme. De hecho, no tengo de qué. Hay todo un equipo que trabaja para llegar a ese resultado. Mi mérito es muy pequeño.

Los campamentos de L.A.GR.AM. rara vez han llevado una banda de rock como invitada, y cuando se hizo, no se incluyó en la promoción. Nunca se anticipa quién será el conferencista invitado. No hay torneos de videojuegos y el uso del celular suele acotarse de alguna u otra manera. El presupuesto es muy limitado y los gastos son exclusivamente los necesarios. ¡Ah!, y un dato curioso más: los chicos saben que a lo largo del campamento se les pedirá más de una vez participar en tareas de orden o limpieza. ¿Dónde está el secreto?

Estas son algunas de mis conclusiones: es un espacio de ellos. Un lugar propio construido a su medida. Todo está pensado para ellos: la comida, el programa, lo que se canta, la música que se escucha, los juegos que se juegan... todo es para ellos. Pero hay más: es un lugar donde se promueve la amistad, la ya consolidada pero también las potenciales amistades que puedan sorprenderlos.

Es un espacio de saludable relación entre chicos. Es una experiencia donde los adultos o líderes más grandes juegan un papel relevante pero no invasivo. Regalan saludables abrazos, brindan atención, prestan el oído, juegan con ellos, comparten la mesa y propician espacios de diálogo sobre las relaciones, sobre la vida y sobre la fe. No etiquetan, no ponen sobrenombres ofensivos, no menosprecian. Con sus palabras halagan, elogian, felicitan, ayudan a pensar. Las reglas son explicadas como principios para disfrutar y aprovechar mejor el tiempo juntos. Nada se presenta desde una imposición irracional y todo se promueve enseñando que el mayor disfrute se da cuando todos disfrutamos juntos. Se desalienta lo obsceno, la broma de mal gusto y las palabras que no edifican.

El equipo está conformado por jóvenes y adultos que viven con alegría y con espíritu lúdico los procesos de maduración. Pueden rotar en distintos roles, dirigiendo en algunas instancias y sujetándose en otras. Nunca eluden tareas de servicio como limpiar un baño o lavar platos, no importa el cargo que desempeñen. Los horarios intentan ser funcionales pero elásticos. Es un espacio donde, aunque siempre con alguna falla, se desea alcanzar la cultura del reino en un formato accesible para los chicos.

Son cuatro dopamínicos días pero, sin embargo, conozco pocos espacios que hagan tanto por ayudar a los chicos a crecer en las funciones propias del lóbulo frontal. El lugar donde la diversión y la reflexión se comen a besos. Un espacio donde la risa y el análisis conviven con alegría. Cien por ciento divertidos, cien por ciento espirituales, así pretenden ser los campamentos de L.A.GR.AM. Un refugio especial para preadolescentes y adolescentes. Seguramente multiplicable, seguramente mejorable.

UN REFUGIO A MEDIDA

El lugar geográfico importa poco. He visto cómo algún hogar ha sabido crear un espacio similar. Conozco algunas escuelas que han conseguido una experiencia semejante. Algo parecido pretendemos construir en la comunidad de fe en la que participo. Conozco otras congregaciones que también lo han conseguido. Un refugio a la medida de los preadolescentes: ese es el objetivo. Esos refugios contienen, estimulan, facilitan vínculos, perfeccionan la comunicación, acompañan los procesos de aprendizaje, afianzan la saludable autoestima e impulsan hacia el futuro con esperanza. Aunque pueden incluirlas, esos refugios trascienden las paredes de un edificio. Son experiencias únicas que promueven la salud física y mental, animan el alma, ayudan a procesar las emociones, facilitan la formación de redes vinculares y promueven el encuentro con el Creador. Aunque pueden incluirlos, son mucho más que una serie de cultos, una reunión, una clase o un programa. Generan escenarios que fortalecen la conexión entre los chicos, pero también con adultos sanos que se convierten en interlocutores válidos. Son espacios que facilitan el encuentro con Jesús para ingresar en la experiencia de permanecer fieles a las enseñanzas del Maestro, para convertirnos en sus verdaderos discípulos, para conocer la verdad, para ser auténticamente libres.

TODOS NECESITAMOS UN REFUGIO

Estos refugios no tienen nada que ver con un edificio. La iglesia es un refugio distinto. No es el edificio donde te congregas. La iglesia es la familia de Dios.

«Pablo, prisionero por amor de Jesucristo, y el hermano Timoteo, a ti, Filemón, amado colaborador, y a la iglesia que se reúne en tu casa, a la hermana Apia y a Arquipo, compañero de lucha: Que Dios nuestro Padre y el Señor Jesucristo derramen en ustedes amor y paz». Filemón 1:1-3

La iglesia no es la casa de Filemón, son las personas que se reúnen en su casa. Algunas personas se preguntan por qué los adolescentes no quieren asistir a la iglesia, o por qué los jóvenes dejan de ir. Pero la pregunta es incorrecta. La iglesia no es un lugar al cual asistir, es pueblo, es familia, es gente. Concebir a la iglesia como un lugar no ayuda, nos impide abrazar todo su potencial. Cuando la iglesia se percibe como un lugar no se observa al pueblo caminando por las calles, las familias haciendo sucursales del Reino en sus hogares, la gente en las oficinas, las fábricas, las escuelas, las universidades... gente llevando luz a cada rincón del planeta. Este es el ámbito relacional donde el discípulo encuentra acompañamiento en su proceso de aprendizaje. La iglesia siembra por medio de la instrucción del evangelio, de la palabra de Dios, de la proclamación de la verdad y cosecha por medio del amor, de la contención, del afecto entrañable y del impulso hacia proyectos de esperanza. Así entendida, la iglesia es una experiencia más que atractiva, un pueblo del cual formar parte, una familia a la que se desea pertenecer, una comunidad que brinda un espacio alternativo a la mediocridad del sistema, un equipo que impacta de tal manera que ni las puertas del infierno se le resisten.

LA COMPASIÓN QUE NECESITAMOS

Esa iglesia es un auténtico canal de la compasión de Cristo.

«Recorría Jesús todas las ciudades y aldeas, enseñando en las sinagogas de ellos, y predicando el evangelio del reino, y sanando toda enfermedad y toda dolencia en el pueblo. Y al ver las multitudes, tuvo compasión de ellas; porque estaban desamparadas y dispersas como ovejas que no tienen pastor. Entonces dijo a sus discípulos: A la verdad la mies es mucha, más los obreros pocos. Rogad, pues, al Señor de la mies, que envíe obreros a su mies». Mateo 9:35-38 (RVR1960)

Otras traducciones eligen otros calificativos similares pero esta revisión de Reina y Valera opta por *desamparados y dispersos.* Mateo relata los hechos como quien desea confirmar que la muestra estadística es lo suficientemente amplia. Se relevaron muchas ciudades y muchas aldeas y en todas ellas el resultado arrojado fue el mismo: la gente está *como ovejas que no tienen pastor, desamparadas y dispersas.* El desamparo es un mal devastador. Derrumba el alma y provoca esencialmente dos cosas:

EL DESAMPARO Y EL DOLOR

Para empezar, produce un profundísimo dolor. Sea un episodio aislado o una serie de acontecimientos que lo vuelven una experiencia crónica, el ser dejado de lado no produce otra cosa que dolor. «*No existe quien me preste atención, no le intereso a nadie, no importo...*». Todo parece comunicar que no soy valioso, no soy digno de respeto y, evidencias a la vista, parece que tampoco merezco ser cuidado. ¿Has experimentado un fuerte dolor de muelas? ¿No te da ganas de asesinar gente inocente? Gente a la que jamás pensarías en hacerle daño alguno si no fuera porque ese dolor interfiere con tu cordura y te altera de manera especial.

Algo parecido produce el dolor provocado por el desamparo. La tendencia es al mal humor por frustración, por bronca o por depresión. Esa herida es una llaga que muchas veces no nos deja pensar con claridad. Ese dolor golpea nuestras emociones y la onda expansiva de ese golpe contagia todo de una pura emoción desordenada que no permite que la razón accione con eficacia. Operar con esa herida abierta no solo afecta tu condición, muchas veces incide en la manera en que te relacionas con otros. Ese dolor grabado a fuego en tu interior provoca que situaciones que serían totalmente digeribles bajo otras circunstancias, se vuelvan tan irritantes o tan dramáticas que nos hacen vivir como si siempre estuviéramos al borde de un ataque de nervios.

EL DESAMPARO Y LA FALTA DE INSTRUCCIÓN

Lo otro que produce el desamparo es una lamentable falta de instrucción. Mi hermana Graciela y mi cuñado Juan Carlos alguna vez auxiliaron a dos preadolescentes en situación de vulnerabilidad. Eran los mayores de una familia de doce hermanos, de una sola madre, de muchos progenitores, de ningún padre. En un estado de extrema pobreza, su madre, una mujer también desamparada desde su niñez, estaba internada a la espera del alumbramiento número trece. Aquella mañana los dos chicos llegaron al departamento de mi hermana mientras ella preparaba todo para almorzar. Cuando todo estaba listo los invitó a lavarse las manos y entonces ellos, entusiasmados por la experiencia novedosa, fueron al baño inmediatamente. Una vez ahí se asomaron por la puerta y, con curiosidad, llamaron a mi hermana. *«¿Qué es esto?»*, le preguntaron. Mi hermana no supo a qué *esto* se referían. Tímidamente, se lo señalaron desde lejos, pero Graciela no lograba identificar qué era eso que tanto les llamaba la atención. Así que les pidió que se lo indicaran mejor. Entonces uno de ellos estiró la mano hasta el vaso frente al espejo y tomó entre sus dedos uno de los cepillos de dientes de la familia. Jamás habían cepillado sus dientes. No sabían que era aquello.

La instrucción suele ser una práctica de adultos presentes. Muchas instrucciones se pierden en la ausencia de los adultos. Algunos niños viven experiencias de desamparo tan

MUCHAS INSTRUCCIONES SE PIERDEN EN LA AUSENCIA DE LOS ADULTOS. ENORME O PEQUEÑO, EL DESAMPARO SIEMPRE TE DEJA SIN ALGÚN DATO IMPORTANTE PARA VIVIR MEJOR.

o más significativas que las que acabo de describir. Otros no llegan a semejante situación pero cualquier medida de desamparo atenta contra su formación. Enorme o pequeño, el desamparo siempre te deja sin algún dato importante para vivir mejor.

Supongo que ante los ojos de la mayoría de los observadores, yo no hubiera entrado en la categoría de niño desamparado. Sin embargo, aun con unos maravillosos padres como los que tuve, yo también puedo relatar anécdotas donde me percibí dejado de lado. Conductas de mis padres que, aunque nunca con mala intención, me regalaron pequeñas escenas de desamparo que aportaron a mi vida dolor o falta de instrucción.

La muestra estadística de Mateo no es casual. El pecado propio y ajeno deriva en una pandemia mundial de desamparo. Todos lo padecemos, así que yo también he cargado con muchos de esos dolores durante muchos años. Me he ido liberando de muchos de ellos a partir de elaborarlos y sanarlos pero, por la falta de instrucción, aún hoy sigo descubriendo cosas en las que no fui enseñado o fui enseñado de manera deficiente. Obviamente, esto tiene consecuencias en mi vida. Siempre hubo un cepillo de dientes para mí y de manera temprana se me enseñó a utilizarlo, pero confieso que he sido muy mal entrenado en otras áreas, como por ejemplo, la disciplina y el orden. Los propios desamparos de mis padres me han marcado de tal manera que, al menos en esos aspectos, infinidad de veces me veo actuando como un huérfano carente de instrucción.

JUICIO O VERDADERA COMPASIÓN

Muchas veces observamos las conductas de las personas, y desde nuestra limitación humana hacemos diagnósticos precoces, confiando ingenuamente en nuestra pobre mirada. Esa es la razón por la que la Biblia nos insiste en que no juzguemos. Muchas veces nos jactamos de ser muy perceptivos y con nuestras escasas herramientas dictaminamos diagnósticos de maldad, torpeza o, en el mejor de los casos, locura. Entonces condenamos: los malos que vayan presos o a la horca, los torpes que sean confinados a la soledad y los locos que sean encerrados en un manicomio. Pero no contamos con la pericia para hacer diagnósticos acertados. Solo Jesús tiene la mirada de rayos X. Esa que alcanza a ver los verdaderos motivos de la maldad, la torpeza o la locura de la humanidad.

¿Alguna vez oraste pidiéndole a Dios que te dé la mirada de Jesús? Hace aproximadamente dos mil años que tu Creador ya te contestó esa oración. ¿Por qué nuestro Señor puede mirar y sus ojos se llenan de compasión? Sencillamente porque donde tú y yo vemos maldad, torpeza y locura, él ve más profundo, él tiene los medios para diagnosticar con mayor precisión. Él puede ver la verdadera razón de esos síntomas; de los tuyos, de los míos y de los de aquellos que han sido malos, torpes o locos con nosotros. Él puede ver el desamparo. Él sabe que ahí está el problema y como sabe todo eso, sabe también que ese mal no se trata con juicio y con condena. Esa pandemia solo puede ser detenida con la prescripción de altas dosis de compasión.

La compasión no es tan solo un acto de amor bondadoso que perdona, contiene y pasa manos tiernas por hombros llenos de maldad, torpeza o locura. No te confundas. Eso no es compasión. Si solo hacemos eso ponemos nuestra vida en riesgo. Hacer solo eso, lejos de curar la pandemia, la consolida. La compasión es el acto que, observando el desamparo, no solo atiende el dolor, no solo limpia, pone cremas curativas y venda, no solo abraza y llora con el dolor ajeno, no solo brinda comprensión para lo que parece incompresible.

Esa es la mitad de la tarea. Sí, porque esa parte también es necesaria. No hay forma de sanar ese dolor si no somos solidarios, si no lloramos con el que llora, si no hacemos nuestro aporte a los procesos que sanan esas heridas profundas, que producen los dolores, que hacen que la razón se pierda y que la conducta desvaríe. Pero no basta con los vendajes. La compasión no solo atiende el dolor. También presta atención a la falta de instrucción. Los desamparados, desde su dolor, tienden a querer solo los vendajes caritativos. Los diagnosticadores de mal, torpeza o locura comúnmente eligen la ley, la doctrina fría, la verdad desnuda, la instrucción pelada, y la mayoría de las veces todo eso no son más que los senderos hacia el estrado y al patíbulo del juicio y la condena. Ninguna de estas cosas son actos compasivos por sí solos. Mucho menos estos últimos.

La compasión es la identificación con la necesidad del otro, y el desamparado no necesita una cosa o la otra. Necesita las dos cosas juntas: los vendajes del consuelo y la contención que curan el dolor y el límite, y la corrección que resuelven la falta de instrucción. Los verdaderos refugios proveen las dos cosas. No piensan castigos para los reos, los tontos o los locos. Tampoco propician indultos llenos de condolencia. Los verdaderos refugios tratan con desamparados que necesitan vendajes llenos de perdón y de afecto, y de novedosa instrucción que ayude a hacer las correcciones necesarias para evitar volver a tropezar con la misma piedra.

«Al oír esto, los más viejos comenzaron a irse, y luego poco a poco los demás también se fueron. Sólo la mujer seguía allí y Jesús se quedó solo con ella. Entonces él se enderezó y le preguntó: —Mujer, ¿dónde están? ¿Nadie te ha condenado? Ella dijo: —Nadie, Señor. —Yo tampoco te condeno. Vete y no vuelvas a pecar». Juan 8:9-11

Jesús no condena, de hecho, a esta mujer; le salva el pellejo frente al juicio de los fariseos y de los maestros de la ley. Hay amor, hay perdón, pero también hay instrucción para ella. *«Vete y no vuelvas a pecar».* Esa es una verdadera compasión. El verdadero amor incluye el perdón y la contención, pero amar también implica saber marcar esos límites que potencian tu libertad. Nunca seré del todo compasivo contigo si ayudo a sanar tus heridas pero no te ayudo a pensar por qué se produjeron y cómo puedes evitar que se vuelvan a producir.

DESAMPARADOS... Y DISPERSOS

Pero el diagnóstico de Jesús agrega un elemento más. Existe una sola cosa peor que sufrir el desamparo: experimentarlo como individuos dispersos. La *dispersión* le roba las esperanzas al desamparado. Esta es una versión de la soledad que no necesita de un aislamiento físico. Lo que Jesús está mirando son diferentes multitudes que se congregaron en las distintas ciudades y aldeas. Mucha gente reunida. Mucha gente sola. La dispersión es un mal que puede manifestarse en tu vida aun cuando te encuentres rodeado de una multitud. Es la soledad en la muchedumbre. Entonces, el cuadro de desamparo se complica porque la multitud te genera el espejismo del amparo, pero en realidad, la gran masa oculta tu soledad. Pareces reunido pero estás íntimamente disperso. En muchas de nuestras iglesias vivimos el mismo engaño: asistimos a cultos y reuniones llenas de personas pero es un error pensar que eso sanará tu desamparo. Necesitas un refugio que se construye con vínculos, puentes que te sacan del aislamiento, de la dispersión y que propician las posibilidades para que la compasión, que instruye y contiene, te brinde el amparo necesario que, precisamente, sane tu desamparo.

SOCIOS DE LA COMPASIÓN

Esta parte me encanta. Jesús trata con el desamparado disperso. Él es el buen pastor que viene a suplir tu necesidad de ser pastoreado con contención y corrección, pero gran parte del tratamiento que él te indica, es solidarizarte con otros desamparados, asociarte a su pastoral. Por eso, al ver el cuadro de las distintas multitudes, al obtener los resultados de su mirada de rayos X, te invita a sumarse a su causa:

«Entonces dijo a sus discípulos: A la verdad la mies es mucha, más los obreros pocos. Rogad, pues, al Señor de la mies, que envíe obreros a su mies». Mateo 9:37-38 (RVR1960)

Muchas veces hemos usado este pasaje para alentar a la evangelización y esto no está mal si redefinimos a qué llamamos evangelización. Si evangelizar es ser testigo de las buenas nuevas que Cristo nos trae; si comprendemos que esas buenas noticias no solo se dicen sino que se atestiguan con la propia vida; si entendemos que evangelizamos al identificarnos como desamparados en proceso de recuperación; si se trata de brindar el amor que se acerca para terminar con la dispersión y que venda e instruye otorgando verdadera compasión, entonces sí. Sigamos usando este pasaje para darnos ánimo y no dejar nunca de ser testigos de lo que Cristo puede hacer en la vida de desamparados y dispersos. De alguna manera, creo que en este pasaje Jesús nos dice: *Si el problema es que no tienen pastor, aquí estoy yo, el Buen Pastor. Yo soy aquel que da su vida para sacarlos de la dispersión y el desamparo. Ahora vengan. Súmense. Les concedo el honor de ayudarme. Pero el trabajo es tan grande que requiere muchos corazones compasivos. Súmense y pídanle al Padre que nos envíe más obreros que dejen de lado el juicio y la condena, que se asocien a nosotros para tratar con tanto aislamiento, con tanto dolor y con tanta ignorancia.*

LA IGLESIA REFUGIO

La Iglesia es el cuerpo de Cristo. Es la comunidad de desamparados y dispersos que han buscado protección en Jesús y hoy ayudan a otros a descubrir este refugio que alguna vez encontró David.

«SEÑOR, ¡cuánto te amo! Porque eres mi fuerza. El SEÑOR es mi fortaleza, mi roca y mi salvación; mi Dios es la roca en la que me refugio. Él es mi escudo, el poder que me

salva. Basta que clame a él para ser librado de todos mis enemigos: ¡Alabado sea el SEÑOR!». Salmos 18:1-3

Mucha gente piensa que el solo hecho de asistir a las reuniones de una congregación puede bridarle la contención necesaria. Cuando las crisis las azotan descubren que el rodearse de gente o el pertenecer a una institución nunca le ofrecerán la calidad de cuidado que realmente necesitan. Los edificios, las reuniones o las instituciones pueden ayudar a la construcción de refugios, pero no son el refugio del que hablamos.

La gracia de nuestro Señor siempre nos brindará su auxilio, él es el único infalible. El resto de los mortales solo somos herramientas que podemos fallar. Lo mejor que podemos brindar es formar parte de una red vincular integrada por tres, cuatro, cinco personas en la cual si uno no responde, puede responder el otro. Esa red está conformada por gente falible que responde desde su débil humanidad, pero será mucho más sencillo que puedan brindarte el auxilio oportuno si previamente a las crisis has tendido verdaderos puentes con ellos. Construir en medio de una tormenta es realmente difícil. Esos lazos no se desarrollan cuando está todo patas para arriba. En la tempestad se confirma su calidad pero esa red de contención se teje en los tiempos de bonanza. Tenemos que aprender a construir nuestros propios lazos vinculares. Tendríamos que saber identificarnos como parte de la red de algunas personas. Sería buenísimo que enseñáramos, a la generación que viene, sobre lo vital de construir este entramado de puentes vinculares que liberan de la dispersión y ayudan a sanar el desamparo. Esta dimensión vincular de la iglesia, que se asocia a Cristo para contener e instruir, es el mejor refugio que podemos disfrutar y brindar.

Por eso nuestro trabajo es hacer familia, es generar grupos de amigos, es formar comunidad. Nuestro objetivo final no es hacer eventos. Hacemos actividades, si y solo si, ayudan a generar un espacio que se experimente como refugio y como plataforma de despegue, brindan sanidad e impulsan a sumarse a la causa de Cristo. La dimensión de esta tarea no tiene permiso para postergarse. Empieza en el minuto cero de la formación familiar, hace sociedad con congregaciones que integran crianza y discipulado como parte de la misma ecuación. Ahí es donde tu trabajo con los preadolescentes encaja en el plan de Dios. Cuanto antes sean sanados de su dispersión y de su desamparo, mejor para ellos, para sus padres, para sus hermanos. Mejor para sus amigos, para sus compañeros de escuela, para sus profesores o maestros. Mejor para su futuro, mejor para quienes compartan su futuro. Nuestra tarea debe ser pastoral, debe encarnar el discipulado integral, debe brindarles el refugio que necesitan. No puede quedar en una clase, o en una reunión. No puede girar alrededor de un salmista o un predicador. Necesitamos un equipo de obreros que sumen sus esfuerzos al sacrificio del Buen Pastor. Te invito a que dejes de pensar en clases y reuniones para que pienses en refugios propios de la cultura del reino. Espacios que tejen redes vinculares, que piensan y ejecutan estrategias diversas llenas de la compasión necesaria para sanar la dispersión y el desamparo.

REFUGIOS PARA NATIVOS DIGITALES

Estos refugios tienen en cuenta lo que pasa por la cabeza de los chicos. Todo eso que desarrollamos en el capítulo anterior. Hace un tiempo, con mi amigo Diego Asteita entrevistamos a Félix Ortiz en nuestro programa de televisión. Le preguntamos qué hacíamos con los nativos digitales y él nos habló de la necesidad de construir una enseñanza *relevante y real.* Luego definió estos conceptos y llamó *relevante* a una enseñanza que está *enraizada* en su realidad cultural, conectada con aquellas cosas que les son propias, aquellas que utilizan momento a momento en su vida cotidiana. Y llamó *real* a la enseñanza de la que se puede extraer una aplicación práctica e inmediata para su vida de todos los días.

El dato curioso sobre el que reflexionamos al aire, fue el descubrimiento de que así enseñaba Jesús. Sus parábolas conectaban con la cultura del momento y las conclusiones de sus enseñanzas llamaban a cambios concretos que podían aplicarse ni bien su voz le dejaba lugar al murmullo de la multitud. Jesús hizo esto con un auditorio conformado en su mayoría por personas adultas, en un tiempo donde la reflexión filosófica y conceptual no competía con las pantallas y los dispositivos móviles. Sin embargo, aun con esas condiciones, él apeló a esta estrategia relevante y real. ¡Cuánto más nosotros debemos tenerlo en cuenta! Por eso, los refugios en los que trabajamos con nuestros chicos deberían ser verdaderos laboratorios donde investigamos y comprendemos sus conexiones culturales. ¡Tienen tanto para enseñarnos! ¡Están tan dispuestos a regalarnos ese conocimiento!

En estos refugios los adultos no solo deberíamos enseñar: tendríamos también que aprender a jugar a ser alumnos. Déjate enseñar por ellos y obtendrás información súper valiosa para entender en qué consiste su cultura. Entonces podrás ser *relevante*. Descubre qué es lo que necesitan comprender, qué nueva aplicación necesitan, qué novedosas prestaciones están buscando. Entonces podrás ser *real*. No te esfuerces tanto por empujarlos a que se interesen por Cristo. Dedícate a mostrarles a Cristo interesado por ellos. Esto no es un evangelio humanista, como muchos podrían juzgar. El centro sigue siendo Jesús. Por eso trabajamos, para generar una cultura del reino en estos refugios. Es importante que comprendamos que no somos agentes de prensa de Jesús. Él nos llamó a ser testigos. Bueno, atestigua que Cristo se interesa por ellos y su cultura, y luego déjalo a él que obre con su encanto. No pretendas hacer el trabajo que sabe hacer muy bien su Espíritu. Seamos el cuerpo de Cristo que hace conexión con la realidad de estos chicos.

Contengamos con amor sus inundaciones dopamínicas, generemos el espacio vincular donde podamos saltar en esos charcos que nos regala su sistema límbico y, mientras tanto, ayudémosles a entrenar su lóbulo frontal para que, día a día, adquieran aprendizajes que los capaciten para un pensamiento sabio que les habilite el orden, el análisis y la planificación. Así, estarán en mejores condiciones para tomar verdaderas decisiones inteligentes, que los hagan vivir la auténtica libertad. No se trata tanto de perfeccionar nuestras clases o nuestros sermones, sino más bien de mejorar las condiciones de estos refugios donde la cultura del reino, el amor y la gracia de Cristo, se les impregne como un aroma, se les grabe como una imagen y los desafíe para encontrar las estrategias creativas a través de la cuales puedan aplicar las enseñanzas del Maestro.

UN EQUIPO PARA EL REFUGIO

Para esto es vital consolidar un equipo. Gran parte de lo que nos proponemos en nuestra congregación es que todo miembro de nuestra iglesia se transforme en equipo. Que de acuerdo a su llamado y sus dones se incorpore a la misión. Un ministerio de preadolescentes debería caer por lo que mi amigo Esteban Borghetti llama la *cascada de influencia.* No creo que le rinda honor explicando el concepto con mis propias palabras pero haré el esfuerzo.

Se trata de una dinámica inclusiva donde el liderazgo generacional se articula entre las nuevas generaciones y los adultos, donde los más grandes acompañan a los jóvenes, los jóvenes acompañan adolescentes, los adolescentes a preadolescentes y hasta los preadolescentes pueden acompañar a niños. Esta es una forma concreta de generar un refugio donde unos acompañan a otros, donde todos son llamados a participar, donde lo que la Reforma dio a llamar el *sacerdocio universal del creyente* se vuelve algo palpable. Esta dinámica no funciona si pretendemos que nuestro equipo esté conformado por grandes teólogos con doctorados académicos. Tendremos que bajar nuestras exigencias de inclusión, sin bajar nuestras expectativas de formación. Damos lugar a las personas para que encuentren su llamado o para que lo consoliden. Les damos espacio porque son llamados, no porque son perfectos. Pero eso no significa no valorar la importancia de su capacitación. Ya lo trabajamos en el capítulo 4: nos esforzamos por capacitarnos para crecer en el camino de la verdad que nos hace libres.

Buscamos la sabiduría que nos instruye y nos ayuda a instruir. En el caso del ministerio de preadolescente, adolescentes y jóvenes de mi congregación, nosotros nos reunimos una vez al mes precisamente para capacitarnos y capacitar a muchachos y muchachas a los que hemos incluido por el puro deseo de generarles espacios, pero también con el objetivo de hacer discípulos para Jesús. Obviamente que son empleados en la misión, pero teniendo muy en claro que servir es una de las maneras más concretas de que Jesús forme su carácter en ellos, y al fin y al cabo, ese es el objetivo.

Los cultos y reuniones se arman con un grupo mínimo de personas. Los refugios necesitan de un equipo que se dedique a amar desinteresadamente. Para eso necesitan, para empezar, practicar el amor desinteresado entre ellos. Ya lo dije anteriormente: pocas cosas forman mejor tu carácter que el trabajar en equipo. Estas tripulaciones no solo brillan en las tarimas; son una presencia compacta que inunda todo con amor y compasión. Puedes verlos en un pasillo, en un aula, en una oficina, pero su tarea sigue en las plazas, en las casas, en los bares. Los puedes o ver poniendo vendas, abrazando, llorando con el que llora. Puedes verlos regalando buenas preguntas que ayudan a pensar. También instruyen, pero solo en lo que saben hacer. No dan respuestas que no tienen solo por el orgullo de no quedar como ignorantes. Reconocen si no saben, oran, estudian, investigan, preguntan, buscan en un escalón más alto de la cascada. Pueden llegar a retar si es necesario, pero no abusan de ese recurso. Si lo hacen, siempre es en el marco de una relación de amor, que tiene un crédito mayor que diez afirmaciones salvajes, y logrando regalar un regaño muy cuidado. Contienen e instruyen. Se ejercitan en la compasión. Aquí los adultos juegan un papel importantísimo generando esa presencia que está atenta pero que abre el juego. No se apoderan de la pelota, aun cuando sienten que ellos lo harían mejor. No están para brillar, sino para *hacer brillar*. Disfrutan jugando el juego de menguar. Aman que Cristo tome su lugar y, para que eso ocurra, juegan a dejar participar.

ENCUENTROS EN EL REFUGIO

El refugio promueve un encuentro semanal y tiene varios objetivos. Solo quiero mencionarte algunos entre todos los que podrían ser:

- Uno de ellos es rendir culto a Dios. Queremos que este encuentro sea Cristocéntrico. Sin embargo, podemos pensar miles de maneras de brindar adoración a nuestro Señor. Podemos incorporar el canto pero este no tendría por qué ser el único medio. Podemos explorar otras expresiones artísticas. Podríamos adorar por medio del servicio, del afecto a mi hermano, de palabras de bendición para quien está a mi lado, por medio de cualquier acto de obediencia, a través de una búsqueda constante de la excelencia en cada cosa que hacemos.
- Otro es el de enseñar la Palabra. Queremos proclamar la verdad del evangelio y transmitir las enseñanzas del Maestro pero no existe ningún papiro que diga que esto debe hacerse siempre a través de un sermón.

- Podemos hacer un juego que dispare la reflexión. Podemos regalar una parábola o una ilustración.
- Se puede recurrir a buenas preguntas que nos permitan reflexionar entre todos.
- Podemos hacer interactuar a los chicos con elementos propios de lo que deseamos que aprendan. Elementos *relevantes* que los ayuden a pensar su cultura.
- Podríamos ayudarlos a conocer otros elementos que resulten novedosos a su cultura. Por ejemplo, si quieres enseñar la importancia de la Biblia, puedes generar un recorrido por postas o estaciones donde en una aprendan a sacar mayor provecho de una aplicación, en otra puedan encontrarse con Biblias viejas de hermanos de la congregación (esas todas escritas y subrayadas), otra donde descubran diversas Biblias ilustradas, otra donde comparen distintas traducciones, o una donde se acerquen a comentarios bíblicos, a concordancias, a Biblias traducidas en dialectos extraños, en formato de audio o de video, etc.
- Si quieres enseñar sobre la importancia del servicio, ¿no será mejor servir que dar un sermón sobre el servicio? Si quieres enseñar sobre la evangelización, ¿no será mejor evangelizar que predicar sobre la evangelización?

- Otro objetivo es el de integrarlos. Los chicos suelen buscar lugares de pertenencia donde crecer en la amistad. Si seguimos predicando y dando clases pero no generamos la posibilidad de que consoliden sus amistades en nuestros refugios, pronto no tendremos a quién predicarle o darle clases.

- Salúdalos y anímalos a saludarse. Hazlo con la clara convicción de que tu saludo los va a bendecir.
- Aparta un tiempo en el programa para hacer una dinámica integradora. Yo te diría que insistas con ellas en cada encuentro que realizas.
- Genera el recreo, pero no como un tiempo muerto sino como uno vivo. Como un tiempo de juego pero también como una herramienta pastoral para la interrelación, para la consejería, para dar buenos abrazos, para compartir la vida, para mostrarte como un auténtico buscador de Jesús. El recreo debe entenderse como un tiempo genial para elogiar, halagar, felicitar, animar, desafiar.
- Conoce sus nombres y preséntalos entre ellos, no solo para que conozcan cómo se llaman... Ayúdalos a compartir gustos, hobbies u otras cosas interesantes. Cuéntale a uno y a otro alguna virtud que reconozcas en ellos.
- Genera distintas dinámicas en grupos pequeños que los ayuden a encontrar y a potenciar amistades en Cristo, y a descubrir a jóvenes más grandes que ellos o a adultos que les sirvan de referencia o de mentores.

- Un objetivo importantísimo es el de impulsarlos a relacionarse con Cristo.
  - Anímalos a estudiar la Biblia de manera personal. Desafíalos a investigar temas o libros de las Escrituras.

    - Realiza dinámicas para ayudar a los más tímidos a orar en voz alta. No se trata de obligarlos pero sí buscamos que se encuentren con Jesús por sus propios medios.
    - Estimúlalos a interceder unos por otros.
    - Introdúcelos en distintas disciplinas espirituales.
    - Compárteles literatura cristiana accesible a su edad. Puedes generar una dinámica para que lean algún capítulo de una semana a la otra y luego presenten lo que sacaron de su lectura.
- Otro: motivarlos al servicio.
    - Dales participación en el programa.
    - Déjalos ser parte en el armado y en la limpieza del lugar donde te reúnes con ellos.
    - En la medida de lo que te permita la edad que tienen, hazlos experimentar cualquier oportunidad de servicio al prójimo: brigadas solidarias, vacaciones de servicio, viajes misioneros, etc.
- Uno más: disparar encuentros informales entre ellos y con los líderes o maestros del grupo. Nunca solos. Y menos a puertas cerradas. Algunas alternativas podrían ser:
    - Pasar un rato juntos antes de la reunión o del encuentro semanal.
    - Una salida a lo largo de la semana.
    - Una invitación a jugar videojuegos.
    - Tú, sus padres y él o ella, saliendo al cine o yendo a comer algo.
    - Una visita a almorzar o cenar a su casa.

- Aprovecha inteligentemente los grupos de WhatsApp. Nunca lo utilices para recriminar, cuestionar o discutir con alguien. Si tienes algún conflicto para resolver con alguien, hazlo por teléfono o, mejor aún, en forma personal.

Siempre puede haber otras que se te puedan ocurrir.

LA PREADOCUEVA

Como una nota más, y solo para complementar todo lo que dijimos, estaría bueno que toda la congregación considerara tener un lugar propio para los preadolescentes. Uno que ellos puedan también prestarlo al resto de la iglesia pero que tenga su impronta, su estilo propio, pensado y diagramado con su aporte. Muchas familias, por necesidad, tienen a sus hijos durmiendo en el living o compartiendo la habitación con sus hermanos mayores. Sin embargo sabemos que es bueno construir un espacio propio. Lo mismo se aplica para las iglesias locales. En la medida en que las posibilidades lo permitan, está bueno que tengan ese lugar que sientan como de ellos.

Construir refugios relacionales es un desafío gigante pero te invito a que se convierta al menos en parte de tu proyecto pastoral, en tu ministerio con los chicos. Ninguna experiencia es más maravillosa que la de hacer sociedad con Aquel que nos regala su mirada de compasión, nos venda las heridas y nos instruye en la verdad.

7
EL SECRETO DE UN PLAN CLARO PERO ELÁSTICO

El ministerio con preadolescentes de tu iglesia necesita un buen plan, armado con dedicación y excelencia, que responda a las necesidades concretas de los chicos.

No fui entrenado para ser organizado. Mi padre y mi madre ya fallecieron y, gracias a Dios, puedo honrar su memoria pero, sin embargo, puedo decir que el orden no era lo de ellos. Trabajadores, honestos, dedicados... un sin fin de virtudes. Ordenados, no. Así que en mi carga genética o en la formación cultural de mi carácter, sea por lo que sea, el orden parece brillar por su ausencia. No es lo mío. Desde donde yo miro el mundo, la persona que practica el mínimo orden tiene un trastorno obsesivo compulsivo. Me cuesta horrores la disciplina, la previsión, la organización, el respetar fechas límite, la perseverancia. Es decir: planificar no me sale naturalmente. Todas mis conexiones neuronales parecen estar conectadas por duendes bohemios y hippies. Yo creo que son los mismos duendes que protestan cada vez que quiero hacer una sinapsis a favor de la organización. Ahora sí, estoy haciendo catarsis. Lucho con esto aun cuando reconozco que me encontré con este clarísimo proverbio de manera muy temprana, cuando apenas era un adolescente:

«El hombre hace planes, pero es el SEÑOR el que dirige sus pasos». Proverbios 16:9

DISCIPLINADOS PLANES

Este versículo de la Biblia comenzó a echar raíces de manera muy temprana en mi vida, pero... ¡cuánto le cuesta dar fruto! A lo largo de más de treinta años he ido aprendiendo que no puedo dejar de prestarle atención, no puedo despreciar la disciplina, aun cuando me cueste muchísimo.

«El que rechaza la corrección caerá en pobreza y deshonra; el que la acepta, recibirá grandes honores». Proverbios 13:18

Si quiero crecer en la vida, si no quiero quedar estancado en la pobreza y la deshonra necesito abrazar la disciplina. Hay cosas en mí que jamás serán tendencia. La inercia nunca me llevará al plan, a la disciplina, al orden. Con todos estos avances de las neurociencias me pregunto si mi lóbulo frontal estará atrofiado o si se habrá quedado atrapado en la adolescencia. Pero yo sé que si solo me recuesto en el sauna cerebral que me ofrece mi sistema límbico y sigo echándome loción de dopamina, no te quepa la menor duda de que la pobreza y la deshonra terminarán por alcanzarme. Entonces tengo que disciplinarme y hacer un plan. Observa lo que afirma este otro proverbio:

«Se alista al caballo para el día de la batalla, pero la victoria depende del Señor». Proverbios 21:31 (NVI)

La disciplina no es otra cosa que el recurso que me permite elegir ciertos ejercicios para motorizar conductas positivas, que no me salen naturalmente.

La victoria depende de múltiples factores que exceden a la preparación de los recursos para la batalla, factores que son muy complejos de considerar y controlar en todas y cada una de sus dimensiones. Por eso creemos que lo mejor que podemos hacer es confiar en nuestro Dios. Sin embargo, cuando la batalla comience, tener tu «caballo» listo sin lugar a dudas te brindará mejores oportunidades. Daniel González suele decir: «*La victoria depende de Dios, pero él no alista caballos... alistarlo es tu responsabilidad*». Dios puede tener toda la voluntad de darte victorias, pero si tu pereza te deja desprovisto de los recursos necesarios no esperes que las consecuencias sean muy positivas. Alistarse requiere de planes disciplinados. Un viejo dicho dice: «*Nadie planea fracasar, pero muchos fracasan por no planear*». La disciplina no es otra cosa que el recurso que me permite elegir ciertos ejercicios para motorizar conductas positivas, que no me salen naturalmente. Mis neurotransmisores parecieran perezosos para alistar caballos. Pero, por mi propia salud, tengo que tomar la decisión de hacerlo.

ENTRE DOS TIPOS DE ESTÍMULOS

La vida nos regala dos clases de estímulos: los que yo llamo de respuesta inmediata y los que me gusta denominar positivos a largo plazo.

Estímulos de respuesta inmediata

Estos estímulos son destellantes: un golpe de sabor, una sensación única, una bebida hidratante luego de practicar un deporte, una maratón de series televisivas sin cortes publicitarios, el consumo de tu tableta digital hasta que los ojos se te partan. Para los hombres, el beso de la mujer más deseada. Para para las chicas, la voz grave de un hombre susurrando halagos al oído (los estereotipos no pretenden generar la naturalización de ciertos comportamientos, solo tienen el fin de generar un ejemplo ilustrativo). Estos son estímulos que siempre te invitan a más; en algunos casos hasta se vuelven adictivos. Abren el grifo para dejar correr la dopamina en tu cerebro pero su efecto dura muy poco. Rápidamente sientes cómo el combustible que encendió un fogonazo explosivo se consume, dejando atrás la energía y el calor para abandonarte al frío y a la pesadez.

Estímulos positivos a largo plazo

Los estímulos positivos a largo plazo son completamente distintos. Rara vez te regalan satisfacciones inmediatas. Implican dedicar grandes dosis de energía y una gran carga horaria. Se puede observar, por ejemplo, en un título que requiere mucho esfuerzo alcanzar, pero que luego puede brindarte satisfacciones para toda la vida. Lo puedes ver en la perseverancia elegida para alimentarte de manera saludable, comprendiendo que al correr de los años tu constancia podrá cosechar los frutos. La satisfacción no queda a la mano; el camino a recorrer no resulta ni corto ni sencillo. Requerirá de la postergación del placer, de la determinación de salir de tu zona de confort.

Al parecer, el sistema límbico no puede ver dónde demonios queda la recompensa. Para que nuestro cerebro nos abra la posibilidad de iniciar y sostener en el tiempo la construcción de estos senderos, las funciones del lóbulo frontal tienen que desarrollarse a su máximo potencial. Necesitas tomar decisiones desde el análisis, desde el orden, desde la posibilidad de considerar consecuencias, desde el ejercicio de estudiar casos similares y trasladar la información obtenida a tu experiencia particular. Por eso, la disciplina es compleja cuando se navega como tripulante del pensamiento concreto. Se requiere una embarcación más sofisticada con la capacidad de hacer procesos en la abstracción. Sin estas capacidades será muy complicado que los estímulos positivos a largo plazo logren seducirte.

REVELACIÓN, FE, PRÁCTICA Y REFLEXIÓN

Como habrás notado, planificar es una función mental que se complica para los preadolescentes. Pero resulta propia de los caminos que llevan a la madurez. Si deseas que la pobreza y la deshonra no te coman crudo, entonces tendrás que trabajar para alcanzar esos estímulos positivos a largo plazo. Tu lóbulo frontal, de alguna manera, tendrá que pedirle paciencia a tu sistema límbico; «explicarle» que la recompensa ya vendrá. Todos los mecanismos que te ayudan a descubrir esos beneficios, con el correr del tiempo, estarán relacionados con procesos de aprendizaje. Esos que requieren revelación, fe, práctica y reflexión. La revelación, que trae conocimiento nuevo a tu vida y enciende tu fe. Esa fe que te lleva a creer en ese conocimiento y a ponerlo en práctica. Esa práctica que puede llevarte a tener una experiencia sobre la cual reflexionar. Esa reflexión que te lleva a hacer un análisis necesario para buscar una nueva revelación que encienda tu fe, que a su vez te lleve a perseverar en la práctica y que te permite arribar a nuevas conclusiones por medio de la experiencia y la reflexión. Entonces, el círculo virtuoso da un giro más y lleva tu vida a un nuevo nivel.

Déjame recordártelo una vez más: este proceso que acabo de describirte funciona mucho mejor con vínculos sanos que favorezcan y enriquezcan una comunicación eficaz. Déjame afirmarlo una vez más: Cristo vino a crear un vínculo con nosotros para convertirse, entre otras cosas, en el Maestro que nos revela la verdad que moviliza este círculo virtuoso. Si crees y permaneces fiel a sus enseñanzas y las pones en práctica, entonces descubres la verdad en la experiencia, y eso te permite vivir con la libertad necesaria como para reflexionar e ir por una vuelta más.

TUS PLANES, TU CORAZÓN Y LA NEUROPLASTICIDAD

Por eso me fascina el primer proverbio que te regalé al iniciar este capítulo:

«El hombre hace planes, pero es el SEÑOR el que dirige sus pasos». Proverbios 16:9

Allí, donde sea que quede mi corazón, muy probablemente en alguna función mental, se encuentra el puente de control que determina mi rumbo a tomar. La calidad de mis planes dependerá de aquello en lo que mi corazón se enfoque. Mis planes guardan relación con la calidad de mi corazón. Si mi corazón es un desastre, entonces mis planes serán ruinosos. Si mi corazón tiende a la madurez, entonces mis planes tenderán a la madurez. Por eso renuevo mi mente mediante la transformación de mi entendimiento (Romanos 12:2), para mejorar la calidad de mi corazón, de mis funciones mentales. Entonces al perseverar en la práctica, comprobaré cuál es la buena voluntad de Dios, agradable y perfecta, es decir, conoceré la verdad que me hace libre. ¿No es genial? Claro que, aun así, existen serias posibilidades de que fallemos. Errar es humano, pero la promesa es que si eso llegara a pasar, Dios sale en auxilio de nuestra humana debilidad.

En la versión Reina Valera 1960 el verbo elegido en vez de *dirige*, es *endereza* (podríamos decir también *corrige*). Siempre hay un margen de error, no somos perfectos, pero cuando abrazamos un espíritu enseñable, cuando somos sensibles a la dirección de Cristo, cuando capitalizamos nuestra neuroplasticidad, nuestro corazón alistado permite que Dios nos dé esos pequeños empujones que nos llevan por los mejores caminos.

Si mis cálculos no me fallan, esto enciende mi pasión, le pone emoción a la reflexión, lo que hace que una convicción se consolide. Así se ensanchan las conexiones neuronales, eso provoca que las próximas vueltas del círculo virtuoso resulten mucho más sencillas de dar. Porque los resultados me estimulan, porque confirman la verdad que me lleva a vivir en genuina libertad y porque, al fin, mi sistema límbico comprende dónde está la recompensa y entonces lubrica mis conexiones con renovada dopamina. Así es como suelen generarse los buenos hábitos. Esto me da la esperanza de que puedo seguir mejorando. Soy un poco más disciplinado que antes. Sé que puedo mejorar un poco más.

PASOS PARA UNA PLANIFICACIÓN SALUDABLE

1. *Muérete de una vez. Antes de planear dejamos que Cristo haga lo suyo en nosotros.*

Por eso, antes de planear, buscamos más de Jesús. Porque no se trata de apilar ladrillos a lo loco, y luego buscar al arquitecto para que me haga los planos y me los apruebe con su firma. Se trata de amar a Cristo con todo mi corazón, con toda mi mente, con toda mi alma, con todas mis fuerzas. Alinear la integralidad de mi ser para planear cerca de sus pensamientos, de sus emociones, de su voluntad. Cuando esa es la actitud, Dios sabrá cubrir cualquier margen de error.

Permitir que Jesús nos contagie en el discipulado es clave. El primer paso de un buen plan no se relaciona con una idea brillante. El primer movimiento tiene que ver con soltar. Suelta todo para abrazar a Jesús. Deja que él haga lío en tus neuronas. Entrégate a una revolución interior donde su carácter se forme en tu ser. Muérete de una vez. Muere a tu plan de hoy para vivir según el plan que Cristo hará mañana.

«Es verdad que si un grano de trigo cae en tierra y no muere, se queda solo. Pero si muere, produce mucho fruto. El que ama su vida la pierde; en cambio, quien desprecia su vida en este mundo, la conserva para la vida eterna. El que quiera servirme, debe seguirme; y donde yo esté, allí también estará el que me sirve. Al que me sirva, mi Padre lo honrará». Juan 12:24-25

Nunca lo olvides. Si el grano de trigo no muere, se queda solo. ¡Se queda solo! ¡Se que-da so-lo! Solo, sin vínculos que potencien la comunicación que habilita el aprendizaje. Muy vivo, pero muy solo. Lleno de capacidades, pero sin nadie que ponga en cuestionamiento la legitimidad de sus ideas.

Esta es la razón fundamental por la que, como equipo, hacemos un retiro anual y nos encontramos una vez por mes. En el retiro, luego de la noche de juegos y relaciones de la que te conté, a la mañana siguiente, antes que nada, nos rendimos a la dirección de Cristo. Lo buscamos, intercedemos por los chicos, oramos unos por otros y también por nuestros ministerios. Ponemos sobre el altar nuestras virtudes, habilidades, dones y ministerios. La intención es entregar nuestro cuerpo en sacrificio vivo.

«Por esto, hermanos, tomando en cuenta el amor que Dios nos tiene, les ruego que cada uno de ustedes, se entregue como sacrificio vivo y santo; este es el único sacrificio que a él le agrada». Romanos 12:1

El verdadero acto de adoración es disponerse al total servicio a Cristo. En lo que él quiera, cuando él quiera, donde él quiera, como él quiera. Solo así el grano muere y lleva mucho fruto. Muere tú, soltando tu falta o tu abundancia de planes. No puedo hacer nacer al mejor Germán de mañana, si no muero al Germán de hoy. El primer paso es que Cristo forme su carácter en tu vida. El carácter de siervo del que ya hablamos en este libro. Cada vez que nos encontramos, nos capacitamos, revisamos, evaluamos, planeamos... Pero, antes que nada, cuestionamos nuestro carácter. Dime si este conocido salmista no podría pasar por neurocientífico:

«Examíname, Dios, y conoce mi corazón; pruébame y conoce mis pensamientos». Salmos 139:23

Tu primer paso para ser un líder que planea y desarrolla sus planes no es juntar buenas ideas: es morir a tu opaca brillantez para vivir en el brillante resplandor de Cristo. Es dejar que el Espíritu forme el carácter de Jesús en tu ser. Para eso es fundamental que te prestes al chequeo del mejor de los médicos.

2. *En las generosas manos del cruel verdugo de nuestros egos. No planeamos solos.*

Por eso no planeamos solos. La mejor manera de llevar al cadalso nuestros egos y nuestras ideas es sometiéndolas al cruel verdugo del disenso. Si conservamos el espíritu correcto, verás el milagro de Dios. Así como sucedió con Isaac, tu fe se prueba cuando dispones la leña para incinerar lo que más aprecias. Eso tan preciado que compite con Dios en la preeminencia de tu mente y corazón. Esa es la razón por la que en estos retiros de los que te cuento, lo siguiente que hacemos es evaluar con la rigurosidad de una hoguera. Todas las ideas van al fuego. Total, si Dios las considera buenas, ya se encargará él de salvarlas como salvó a los amigos de Daniel de las llamas de aquel horno (Daniel, capítulo 3). Con el Señor que tenemos, ¿por qué temerle a las altas temperaturas? Eso sí: a la hoguera van las ideas, no las personas. Eso se lo dejamos a Nabucodonosor. Discutimos los «haceres», no los seres. Disentimos sobre hechos e ideas. No sobre personas. A las personas las amamos incondicionalmente. Son los hechos y las ideas lo que cuestionamos. Cuanto más formado esté el carácter, más fácil es lograr esto. Hoy en día, en nuestro equipo, me encanta ver cómo muchos descuartizan las ideas que ellos mismos propusieron. ¡Los mismísimos autores de las ideas! ¡Qué bueno que está eso! He visto a muchos defender una idea cuyo autor se dedica a despedazar. Esos son preciosos actos de adoración, aunque a veces ni los mismos adoradores son conscientes de que están adorando. Sí. Es adoración. ¿Cómo puedo llamar al acto de quien se rinde a Dios en tal manera que puede decirle: «*Señor... esta idea, aunque se me ocurrió a mí, no permitas que prevalezca si no cuenta con tu bendición*»?

3. *Alegremente sometidos a un espíritu saludablemente crítico. Todo pasa por una evaluación.*

Miramos el año de trabajo y lo revisamos exhaustivamente con un saludable espíritu crítico. Cuestionamos cada cosa que hicimos. Los temas que tratamos, las estrategias que implementamos, los horarios que elegimos, las decisiones que tomamos, el desempeño de los conferencistas o maestros que invitamos, los eventos que realizamos, los juegos que jugamos; todo eso también va al fuego. Analizamos cada acción que tomamos. Consideramos hasta lo que debíamos hacer y no hicimos. Podemos implementar una matriz F.O.D.A (Fortalezas, Oportunidades, Debilidades y Amenazas), o una encuesta u otro sistema alternativo que nos sirva para evaluar a fondo. A partir de ahí pensamos si hay cosas que desechar, si hay otras a las que debemos darles nuevas oportunidades en el año siguiente o, quizás, hacerlas esperar para volver a repetirlas más adelante. Consideramos si alguna idea merece que le hagamos necesarios ajustes y también analizamos si lo que nos salió muy bien no podría llegar a salir mejor si le sumamos alguna modificación creativa. Claro que esta práctica resulta muy difícil de implementar si a partir de lo trabajado en el retiro anterior no pusimos objetivos claros y medibles. No evaluamos si estuvo bueno o no, evaluamos si los objetivos se cumplieron o se fracasó en el intento. Volvemos a pensar en las áreas del discipulado integral y nos preguntamos cómo nos fue con eso:

- ¿Qué aporte hicimos, en la vida de los chicos, al crecimiento de su relación con Cristo?
- A partir de nuestro trabajo, ¿los chicos crecen en su pensamiento crítico? ¿Buscan pensar conforme a las enseñanzas del Maestro?
- ¿Los hemos ayudado a interpretar y expresar sus emociones?
- ¿Hemos generado un espacio cuidado, un refugio, que potencia sus relaciones y promueve una autovaloración correcta?
- ¿Los hemos ayudado a tener presente una actitud de servicio para aquel que está en necesidad?
- ¿Los hemos alentado con nuestra palabra, con el programa y con el ejemplo a cuidar su cuerpo como templo del Espíritu de Dios?
- ¿Los hemos ayudado a tomar consciencia de su responsabilidad ante Dios, ante ellos mismos y ante sus semejantes de cuidar decididamente el medio ambiente?

4. *Deja que la señora necesidad te susurre al oído. Relevamos las necesidades.*

Una vez que despedazamos el año anterior, analizándolo al detalle, nos hacemos está simple pregunta: ¿Qué necesitan los chicos?

- ¿Qué necesidades hemos observado, durante el año transcurrido que no pudimos o no supimos cubrir y que estaría bueno considerar para el programa del año que viene?
- ¿Qué necesidades se desprenden de la edad por la que están atravesando?
- Observando su contexto cultural, social y económico, ¿qué necesidades vemos?
- ¿Qué necesitan de nosotros a partir de lo que observamos sobre sus dones, talentos y perfiles particulares?
- ¿Qué necesidades de la iglesia podríamos satisfacer con la ayuda de los pre?
- ¿Qué sucede con sus familias? ¿Qué aporte podríamos hacer para que sus situaciones familiares mejoren?
- ¿Qué necesita el equipo para seguir madurando conforme a la estatura de Cristo?

5. *Armando el laboratorio temático para el año. Proponemos temas con libertad.*

Una vez que consideramos lo que los chicos necesitan, pensamos cuáles son aquellos temas que debemos abordar a lo largo del año. Todos los temas propuestos son considerados pero la consigna es que respondan a una necesidad concreta que hayamos observado anteriormente. En función de esto, podrán ser temas bíblicos, sobre la vida, sobre sus relaciones, de abordaje teórico, de desarrollo práctico; todos suman a una larga lista que resulta en la producción de una agenda anual preliminar de temas a desarrollar.

6. *La creativa fábrica de reciclaje y producción de estrategias. Pensamos y elegimos las estrategias para el año que viene.*

En el paso 3 te comenté que sometemos a evaluación las estrategias que implementamos. En este paso reconsideramos las estrategias aprobadas y pensamos si existen otras nuevas. En función de las necesidades y de los temas que consideramos, pensamos creativamente qué estrategias serían las mejores para suplir esas necesidades o para abordar esos temas. Estas estrategias exceden al programa de actividades. Se puede considerar cómo desarrollar encuentros informales entre líderes, maestros y los chicos, cómo perfeccionar la comunicación durante la semana, cómo promover la vida devocional o cualquier cosa que considere la vida cotidiana de los pre y no solo el encuentro semanal que solemos organizar. Este es un tiempo muy creativo y divertido.

Frente a cada uno de estos pasos siempre oramos pidiendo a Dios que nos guíe en toda esta reflexión creativa. Cuando llegamos a este paso 6, comúnmente, el fin de semana ya llega a su fin y todos estamos más que agotados. En nuestro caso particular, el staff se divide en dos: los que llamamos Cómplices, que serían como la segunda línea de liderazgo, y un equipo pastoral más directivo, que ronda aproximadamente las ocho personas, y al que yo llamo Equipo Ministerial. Los siguientes pasos suele desarrollarse desde el trabajo de este último equipo que te menciono. Así lo hacemos nosotros, no significa que tengas que hacerlo igual.

7. *Agenda anual temática.*

Aquellos que dirigimos el ministerio pensamos cómo volcar todo lo que se produjo en el retiro de equipo en una agenda anual. Nosotros elegimos abordar un tema por mes y nuestra agenda va de marzo a diciembre (aunque no interrumpimos las actividades durante enero y febrero, la agenda temática se desarrolla a lo largo de lo que en nuestro país coincide con el periodo escolar). Otra vez: te cuento esto para que consideres la idea, no para que la reproduzcas igual. Así llegamos al programa del año que puede tener un título o un lema que intentamos que represente todos los temas que tocaremos en cada mes.

8. *Definiendo los objetivos.*

Cuando los temas están definidos entonces ponemos por escrito lo que queremos lograr en la propuesta de cada mes: qué deseamos que ocurra en la vida de los chicos a partir de cada temática. Hay mucho escrito sobre cómo redactar objetivos de manera eficaz y si te surge alguna duda solo hace falta que vuelques la pregunta en tu buscador de internet y tendrás mil opciones para volverte un experto. Algunos detalles para orientarte y contarte cómo lo hacemos nosotros: esperamos que la redacción de un objetivo sea breve y que exprese fundamentalmente la necesidad que deseamos cubrir; qué es lo que esperamos que los chicos logren. Necesitamos expresarlo de forma tal que luego podamos determinar si se logró o no. Un objetivo así podría tener implícito el encabezado «*Que los chicos logren...*» para que luego empiece con un verbo en infinitivo como alcanzar, pensar o el que mejor describa tu expectativa. En tu buscador de internet puedes encontrar listas de verbos para objetivos. Es más, probablemente hasta los encuentres relacionados a propuestas intelectuales, emocionales o prácticas. Académicamente hablando, lo que se estila es no usar más de un verbo en infinitivo. Se pretende asignar solo una acción esperada por cada objetivo. A veces se suele complementar con otro verbo en forma de gerundio. Te doy un ejemplo:

Que los chicos logren (encabezado implícito) *leer* (verbo en infinitivo) *la Biblia, profundizando* (gerundio) *su conocimiento y su entendimiento de las Escrituras.*

Este objetivo es un ejemplo de los que suelen llamarse objetivos *específicos*, porque describen el logro concreto que pretendemos que los chicos alcancen.

Por cada objetivo específico podrías llegar a tener uno o más objetivos de los que se conocen con el nombre de *objetivos operativos.* Estos son los que dan cuenta de aquello que pretendes hacer para que tus preadolescentes alcancen el objetivo específico. Te doy algunos ejemplos relacionados con el que redacté más arriba:

- *Realizar, en cada encuentro, un ejercicio de lectura y memorización de versículos bíblicos relacionados al tema que estamos abordando.*
- *Enseñar, a lo largo del año, distintos métodos de estudio de la Biblia.*
- *Desarrollar, para el mes de abril, una exposición de la Biblia promoviendo la aproximación a las Escrituras a través de los distintos soportes posibles (papel, historietas, dispositivos tecnológicos, audio, video, etc.) y distintas traducciones.*

Cada objetivo operativo debería responder a un objetivo específico, los que dan cuenta de lo que quieres que los chicos logren, y cada uno de éstos debería estar de acuerdo con los temas y las necesidades que tu equipo observó, o con el objetivo general para todo el año.

Por último, vale aclarar que todo esto debería estar sujeto a la misión y la visión que como ministerio deberían poder redactar, describiendo cuál es el sueño que los motiva y, de una forma general, qué pretenden hacer para aproximarse a la concreción de ese sueño. Sobre estos dos últimos elementos hay mucho material escrito. Algo hemos volcado en la bibliografía complementaria que te compartimos al final de este libro.

9. *Los detalles de la agenda.*

Una vez que la agenda temática se encuentra desarrollada y discutida con aquellos que dirigen el equipo o con tus más íntimos colaboradores, al título que describe el tema de cada mes y a los objetivos específicos pueden sumárseles los objetivos operativos, o una breve descripción de lo que pensamos hacer en cada encuentro para alcanzar lo que nos proponemos. Además, puede quedar asentado quién será el responsable a cargo y qué papel desempeñará cada integrante del equipo.

10. *Rendición de cuentas.*

Una vez que completamos la agenda solemos presentársela al pastor principal de la iglesia. Tener a alguien a quien rendirle cuentas es una herramienta maravillosa para formar tu carácter pero, además, cubre tus espaldas. Contar con el respaldo de tu pastor es importantísimo. Esto se puede mejorar aún más si se adjuntan la contabilidad del año pasado y un presupuesto para el que está comenzando, y se lo presentan al departamento de finanzas de tu congregación. Cuando el programa ya se encuentre aprobado, entonces podremos compartirlo con todo el equipo y hasta hacérselo llegar también a los padres de los chicos.

Algo que me ha ayudado a mí, con mis serias limitaciones para organizarme y planear, es saberme rodear de gente que me estimula y me ayuda a construir los planes en una primera instancia y, paso siguiente, contar también con aquellos que me ayudan a concretarlos. Estos últimos son personas que, más que nada, son muy ejecutivas. Saben ensamblar los planes, las estrategias y la logística de manera tal que las cosas terminen por ocurrir. Con estos tengo hecho el pacto de no ofenderme si me exigen, apuran y aun hasta si me retan. Ellos logran que salga lo mejor de mí y estoy más que agradecido a Dios por contar con el aporte que me brindan. Formar parte de su equipo es un honor y un placer.

Cuando cocinas todo esto al principio de tu programa anual, ocurre algo maravilloso: dejas de correr detrás del programa y las actividades, y dispones de más tiempo para charlar con los chicos y para prestarle atención a sus problemas. Al fin y el cabo, se supone que de eso se trata.

Déjame darte algunas ideas más que solemos aplicar en la experiencia de mi congregación acerca de cómo planear y la forma en que lo llevamos a cabo:

- *Para no quedar esclavo del programa y contar con la elasticidad necesaria.* El plan tiene que ser tu siervo, no tu amo. Por lo tanto, es importante que aun cuando pienses que tu programa es genial, no te quedes pegoteado a él. Una medida que hemos tomado para evitar esto, y que a nosotros nos ha servido un montón, es planear solo tres fines de semana de cada mes. En nuestro caso, el cuarto, en lo referido a la programación, lo dejamos libre. Así, contamos con el espacio necesario para abordar cualquier tema que los chicos nos trasmitan como necesidad y que, por alguna razón, a nosotros se nos escapó de la planificación anual.
- *Para evaluar el programa antes de ponerlo en ejecución.* Una forma de evaluar la calidad de la propuesta de tu plan es analizar la redacción preliminar (entre el paso 9 y el 10) y preguntarte si los objetivos que te propones cubren todas las áreas de lo que hemos llamado «discipulado integral».
- *Para evaluar las estrategias antes de implementarlas.* ¿Hemos considerado trabajar las distintas cuestiones

referidas al desarrollo de su intelecto, de sus emociones y de sus acciones? ¿Nos queda algo sin considerar?

- *Considerando los estilos de aprendizaje.* Ya sabemos que no todos aprenden escuchando, por lo tanto, es bueno considerar otros recursos como la práctica, las relaciones, la inclusión de dinámicas interactivas, los respaldos experienciales o lo visual. Es mucho más fácil encontrar comprensión, participación y compromiso en propuestas que no se imponen sino que surgen de ellos mismos.
- *Considerando los cuatro flujos relacionales.* Otro parámetro de evaluación importante resulta de considerar si tu programa anual tiene en cuenta los cuatro flujos relacionales básicos. Me refiero a la relación con Dios, a la relación con uno mismo, con los demás y con el medio ambiente. En el libro *Vamos por más*, que publicamos con editorial Certeza Argentina, me dedico a profundizar sobre estas experiencias relacionales.
- *Valorando el encuentro del equipo.* Insisto en considerar como muy importante tener al menos una reunión mensual con el equipo. Esa reunión sirve para testear el avance del programa, el funcionamiento de las estrategias, el clima presente en el grupo, el estado físico, social, emocional, intelectual y espiritual de los chicos y la situación en las que se encuentran sus familias.
- *Teniendo en cuenta las instancias de transición.* Algo que es importante considerar son los momentos de transición. Para esto implementamos lo que a mí me gusta llamar la *dinámica de superposición ministerial.* En nuestro caso particular las edades de 9 a 15 años se pueden encontrar abordadas hasta por cuatro

ministerios: la Escuela Bíblica Dominical (EBD), que trabaja hasta los 12 años aproximadamente, la Escuela de Arte y Futbol (EAF), que se extiende hasta la misma edad, y el ministerio de preadolescentes y adolescentes que inicia a los 12 años y cuya primera etapa ministerial concluye a los 15. Los que llegan a los 15 años, si lo desean, ya pueden participar de las actividades de los de 15 a 19. Te comparto cómo intentamos trabajar de manera conjunta para el beneficio y mejor cuidado de los chicos:

- Hemos trabajado fuertemente para que los equipos de estos ministerios se interrelacionen. Seguramente que falta mucho por mejorar, pero sin lugar a dudas esa es la intención y hemos hecho serios progresos para que cada día esa interrelación funcione mejor.
- Hemos establecido lo que yo llamaría «edades bisagra» en los 12 y 15 años. Los de 12 pueden participar de la EBD y de la EAF pero ya tienen acceso a la actividad del ministerio de adolescentes. La última clase de la EBD está conformada por chicos entre 12 y 14 años, y sus maestros pertenecen al equipo del ministerio de 12 a 15 años que tiene su actividad semanal los sábados a la noche. Los de 12 que participan de la EAF, que lleva adelante su programa en las primeras horas de la tarde del sábado, también pueden participar del ministerio de 12 a 15 años. También el equipo de 12 a 15 tiene personas asignadas que, una vez por mes, participan durante la actividad de la EAF. Por último, los de 15 pueden elegir si participan de la actividad de 12 a 15 o de

15 a 19, y si desean participar de las dos también pueden hacerlo. Los equipos de 12 a 15, 15 a 19 y de 19 a 27 participan de la misma mesa de trabajo y tienen el desafío de pensarse de manera asociada, con el objetivo de acompañar el proceso de crecimiento. También se generan entrecruzamientos entre los equipos de 12 a 15 y 15 a 19 y aun entre los de 19 a 27. Independientemente de cómo lo hacemos en mi congregación, lo importante es generar ámbitos donde afianzar la relación entre los equipos y producir esta instancia de superposición que permite a los chicos incursionar a elección o en más de un lugar a la vez, cuando atraviesan por lo que llamamos edades bisagra.

- Algo más. La EBD y la EAF tienen adolescentes de 14 años en adelante formando parte de sus equipos de trabajo. Y los de 12 a 15 suelen tener adolescentes a partir de los 16 trabajando entre ellos. Esto genera conciencia de servicio, sentido de pertenencia y un protagonismo saludable. Así también, la cascada de influencia de la que hablamos en el capítulo anterior, funciona complementando los programas y las relaciones, poniendo en contacto a los preadolescentes con un espacio donde jóvenes y adultos, significativos para ellos, se muestran como guías positivos y ejemplos accesibles.

- *Nunca llames a un recreo «tiempo muerto».* Los recreos, el ingreso y el tiempo de espera antes de que los padres vengan a buscarlos son parte del programa. Nunca los llames «tiempos muertos». Son una oportunidad única para afianzar relaciones, orar por tus chicos, informarte sobre su vida, conocerlos y ayudarlos a conocerse. Aprende a aprovechar la informalidad. De hecho, te recomiendo que sepas propiciar esos momentos para capitalizarlos ministerialmente.

- *Esa herramienta genial que se llama campamento.* Al iniciar el capítulo anterior te describí algo de lo que significa para mí un campamento de L.A.GR.AM. (Liderazgo y Adolescencia, Grupo de Amigos). En la experiencia de mi congregación implementamos retiros en un formato similar. Los campamentos son una herramienta buenísima para favorecer el encuentro con Jesús, afianzar relaciones y formar liderazgos. En la medida de tus posibilidades, te recomiendo que busques las mejores alternativas para tu realidad y no dejes de generar esta estupenda oportunidad. No interesa si el número de chicos de tu iglesia local es reducido, para esto la cantidad tampoco es lo importante. Puedes encontrar el lugar apropiado para hacerlo con el número de preadolescentes con los que cuentas o sumarte con otra congregación amiga.

Los planes nos ayudan a no desenfocarnos. Son una herramienta maravillosa para redimir el tiempo y sacar el mayor provecho de tu trabajo y el del equipo. La disciplina bien entendida no solo no es aburrida sino que es un recurso más para disfrutar de los encuentros del refugio, sin que el desorden y la improvisación te vuelvan improductivo y destruyan la oportunidad de las actividades que realices. Los ministerios serios planean, son ordenados en sus cuentas, arman presupuestos y tienen un programa al menos semestral. En lo personal, yo recomiendo que sea anual.

Planear potencia tu ministerio. Cuando tus programas atienden a las relaciones y acompañan un proceso, entonces las oportunidades para ser de bendición se multiplican exponencialmente. Anímate y prepárate para ver la mano de Dios obrando en medio del grupo de tus preadolescentes.

ASÍ DE CERCA

Al ofrendar tiempo ofrendamos vida, al regalar vida brindamos amor. Si amamos a nuestros preadolescentes entonces nuestra mayor ofrenda de amor es tiempo de calidad. Tiempo en reuniones y encuentros en ese refugio que sabremos construir. Tiempo de diálogo en la construcción de una sociedad estratégica con sus padres. Tiempo que los lleve al encuentro con Jesús por medio del discipulado. Tiempo de cuidado que los libere del desamparo y los haga sentir valiosos para no caer en manos de seres perversos. Tiempo que les regale una sólida comunicación, en un vínculo positivo, que los acompañe por el proceso de un aprendizaje saludable. Tiempo para estar, oír, abrazar, sonreír, halagar, felicitar, vendar, curar. Tiempo para ganarse el derecho a la saludable instrucción, para la guía amorosa, para prevenir, para advertir. No hay verdadera conexión si no hay una ofrenda deliberada y consistente de tiempo de calidad. Los chicos necesitan jóvenes y adultos que les dediquen tiempo, y como el tiempo no es mucho, necesitamos muchos jóvenes y muchos adultos, más obreros y más obreras.

«Entonces dijo a sus discípulos: A la verdad la mies es mucha, más los obreros pocos. Rogad, pues, al Señor de la mies, que envíe obreros a su mies». Mateo 9:37-38 (RVR 1960)

Oremos para que cada preadolescente tenga alguien a su lado que le ofrezca el tiempo valioso, esa vida que necesita recibir. Pregúntale a tu Señor: ¿A quién quieres que le ofrende mi tiempo? Estoy aquí, muéstrame a qué relación especial me envías para regalar tu compasión que hace vendajes curativos y brinda la instrucción que previene de nuevas heridas.

Abre tu mente, tu corazón, tu alma; dispone tus fuerzas en ofrenda a tu Señor. Entrega todo tu ser en sacrificio vivo. Esta nueva generación te observa, te espera, te necesita. Ellos requieren tu amor, necesitan tu vida, esperan tu tiempo. Nada más, ni nada menos. Siempre estás así de cerca de hacer una diferencia significativa.

BIBLIOGRAFÍA

- **Andy Stanley**. Visioingenieria. Editorial Unilit.
- **Bill Hybels.** La revolución de los voluntarios. Editorial Vida.
- **Christopher Shaw.** Alza tus ojos. Desarrollo Cristiano Internacional.
- **Daniel González**. Principios para el éxito. Editorial Certeza Argentina.
- **David Dobbs.** Cerebros adolescentes: la neurociencia de la rebeldía. National Geographic, Octubre 2011.
- **Dr. Gabriel Flores Ciani**. Neurociencias y liderazgo según Dios. Editorial Publicaciones Alianza.
- **Dr. Gary Smalley.** ADN de las relaciones. Editorial Tyndale.
- **Dr. Henry Cloud**. Cambios que sanan. Editorial Vida.
- **Estalinslao Bachrach**. En cambio. Editorial Sudamericana.
- **Félix Ortiz y Keith Webb**. El modelo coach. Editorial Vida.
- **Félix Ortiz**. Cada joven necesita un mentor. e625.com.
- **Félix Ortiz**. Liderazgo personal: nueve herramientas prácticas para alcanzar tu potencial. Editorial Aragón Books.

- **Gabriel Salcedo**. Decisiones revolucionarias. Editorial Mundo Hispano.
- **Germán Ortiz**. Vamos por más. Certeza Argentina.
- **John White**. Líderes y siervos: ser líder como Nehemías. Certeza Argentina.
- **John White**. Padres que sufren por hijos adolescentes. Editorial Certeza Argentina.
- **Lucas Leys**. Adolescentes. Cómo trabajar con ellos sin morir en el intento. Certeza Argentina.
- **Lucas Leys**. El ministerio juvenil efectivo. Editorial Vida.
- **Mark Oestreicher**. ¡Ayúdenme! Soy líder de adolescentes de 12 a 15. Editorial Vida.
- **Mark Oestreicher**. Entiende a tu preadolescente. e625.com.
- **Matías Franco**. El poder de una idea. Aljaba Producciones.
- **Wm. Paul Young**. La cabaña. Editorial Emecé.
- **Programa de televisión Vamos por Más** – Emisión 3, temporada 8: Cómo mejorar tu servicio entre jóvenes y adolescentes – Entrevista a Lucas Leys. https://www.youtube.com/watch?v=__w8TP1Oa40&t=42s
- **Programa de televisión Vamos por Más** – Emisión 4, temporada 8: Necesidades de los jóvenes en la posmodernidad – Entrevista a Félix Ortiz. https://www.youtube.com/watch?v=rH8t3LETWh4&t=908s

ALGUNAS PREGUNTAS QUE DEBES RESPONDER:

¿QUIÉN ESTÁ DETRÁS DE ESTE LIBRO?

Especialidades 625 es un equipo de pastores y siervos de distintos países, distintas denominaciones, distintos tamaños y estilos de iglesia que amamos a Cristo y a las nuevas generaciones.

e625.com

¿DE QUÉ SE TRATA E625.COM?

Nuestra pasión es ayudar a las familias y a las iglesias en Iberoamérica a encontrar buenos materiales y recursos para el discipulado de las nuevas generaciones y por eso nuestra página web sirve a padres, pastores, maestros y líderes en general los 365 días del año a través de **www.e625.com** con recursos gratis.

zona de contenido PREMIUM

¿QUÉ ES EL SERVICIO PREMIUM?

Además de reflexiones y materiales cortos gratis, tenemos un servicio de lecciones, series, investigaciones, libros online y recursos audiovisuales para facilitar tu tarea. Tu iglesia puede acceder con una suscripción mensual a este servicio por congregación que les permite a todos los líderes de una iglesia local, descargar materiales para compartir en equipo y hacer las copias necesarias que encuentren pertinentes para las distintas actividades de la congregación o sus familias.

¿PUEDO EQUIPARME CON USTEDES?

Sería un privilegio ayudarte y con ese objetivo existen nuestros eventos y nuestras posibilidades de educación formal. Visita **www.e625.com/Eventos** para enterarte de nuestros seminarios y convocatorias e ingresa a **www.institutoE625.com** para conocer los cursos online que ofrece el Instituto E 6.25

¿QUIERES ACTUALIZACIÓN CONTINUA?

Regístrate ya mismo a los updates de **e625.com** según sea tu arena de trabajo: Niños- Preadolescentes- Adolescentes- Jóvenes.

¡APRENDAMOS JUNTOS!